INHALTS-VERZEICHNIS

I *Technologie*

II Visualisierung

III Ideen

IV *Vermittlung* V *Anhang*

I Technologie

1. PRODUKTIONSTECHNOLOGIE
LEBENSLAUF DER TAPETE, ANFERTIGUNG VON TAPETEN,
NACHHALTIGKEIT VON TAPETEN

2. VERARBEITUNGSTECHNOLOGIE
BUNDESAUSSCHUSS FARBE UND SACHWERTSCHUTZ (BFS),
VERGABE- UND VERTRAGSORDNUNG FÜR BAULEISTUNGEN (VOB),
UNTERGRUNDVORBEHANDLUNG, VORBEREITEN DER TAPETEN,
VORGANG DES TAPEZIERENS

1. Produktions-
technologie

Der Eine glitzert, der Andere trägt dick auf, Einer leuchtet, der Nächste wirkt anziehend und wiederum ein Letzter kann überstrichen werden und perlt zugleich ab. Wie entstehen diese unterschiedlichen Eigenschaften eines Wandbelages? Ursprung und Wandel der Tapetenproduktion werden im Kapitel „Produktionstechnologie" behandelt. Dabei wird unter anderem auf die Drucktechniken zur Herstellung verschiedener Tapeten eingegangen: So gibt es ältere Standardverfahren und – infolge neuer Technologien – neue Verfahren zur Herstellung von Tapeten mit besonderen Eigenschaften.

1.1
LEBENSLAUF DER TAPETE

Schon bevor das Papier erfunden wurde, waren die Menschen bestrebt ihre Höhlenwände zu verschönern. Neben Wandmalereien wurden dekorative Tierfelle oder Flechtwerk aus Naturmaterialien an den Wänden befestigt.[1] Diese dienten neben der Dekoration auch als Wärme- und Schallschutz. Von Ägypten über Rom entwickelte sich die Idee des Bildteppichs weiter. Handgewirkte Tapisserien an den Wänden berichteten von Heldentaten oder religiösen Szenen, teuer und wertvoll durch Einarbeitung von Gold-, Silber- oder Seidenfäden. Im 15. Jahrhundert entwickelten sich Wandbespannungen aus Seide-, Brokat- und Samtstoffen, die Herrscher in ihren Schlössern kunstvoll zur Schau stellten. Kostbare Ledertapeten wurden aufwändig bemalt, vergoldet oder geprägt.[2] Durch Imitation der teuren Materialien entstanden erschwingliche Alternativen (z.B. Flocktapeten als Samtimitat).

1 Vgl.: Biermann/ Klinkhardt S. 11 f.

2 Vgl.: Biermann/ Klinkhardt S. 66 f.

Die Erfindung des Papiers in China im Jahr 105 v. Chr. war ein Meilenstein in der Geschichte und ermöglichte viele Neuerungen. Zunächst wurden Papiermühlen zur Herstellung des wertvollen Rohstoffes genutzt. Namensgebend für den Begriff der Tapete war der Franzose *Jean Papillon,* der Anfang des 18. Jahrhunderts seine bunt bedruckten Papiere als *Papier peint*, also als Tapete für die Wand, bezeichnete. Allerdings war es sehr umständlich, diese Papierstücke aneinander zu tapezieren. In England entwickelte sich Mitte des 18. Jahrhunderts das Zusammenkleben der Tapetenbahnen, wodurch eine längere Papierrolle hergestellt werden konnte. Im Jahr 1830 lösten Maschinen die Handfertigung ab und Tapetenrohpapier konnte in Serie produziert werden. Durch Hinzufügen verschiedener Materialien verbesserte sich die Qualität der Tapeten und es entstanden unzählige Möglichkeiten, Tapeten aus verschiedenen Materialien herzustellen und zu bedrucken.

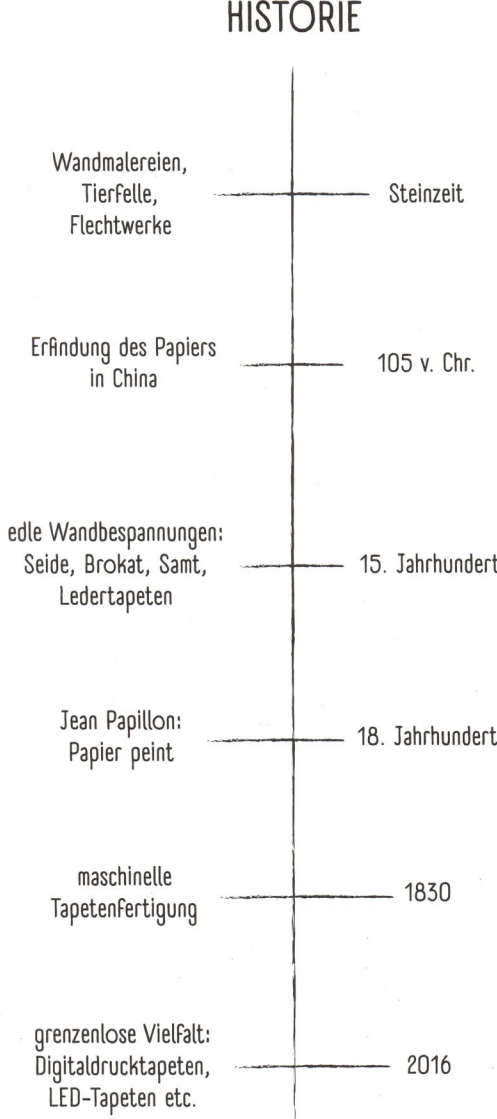

HISTORIE

Wandmalereien, Tierfelle, Flechtwerke	Steinzeit
Erfindung des Papiers in China	105 v. Chr.
edle Wandbespannungen: Seide, Brokat, Samt, Ledertapeten	15. Jahrhundert
Jean Papillon: Papier peint	18. Jahrhundert
maschinelle Tapetenfertigung	1830
grenzenlose Vielfalt: Digitaldrucktapeten, LED-Tapeten etc.	2016

1.2
ANFERTIGUNG VON TAPETEN

1.2.1
TRADITIONELLE DRUCKVERFAHREN

Die Herstellungsprozesse haben sich im Lauf der Zeit geändert. Neue Werkstoffe und Technologien ermöglichten neue Produktionsverfahren. Am Anfang einer jeden Herstellung stand und steht jedoch auch heute noch der Entwurf. Kreative Köpfe skizzieren in eigenen oder in selbstständig geführten Ateliers moderne Motive. Früher wurden kleine Papierstücke bemalt und anschließend nebeneinander auf die Wand aufgebracht. Aus dieser Handwerkskunst entwickelte sich eine maschinelle Produktion, die einer seriellen Anfertigung den Weg ebnete.

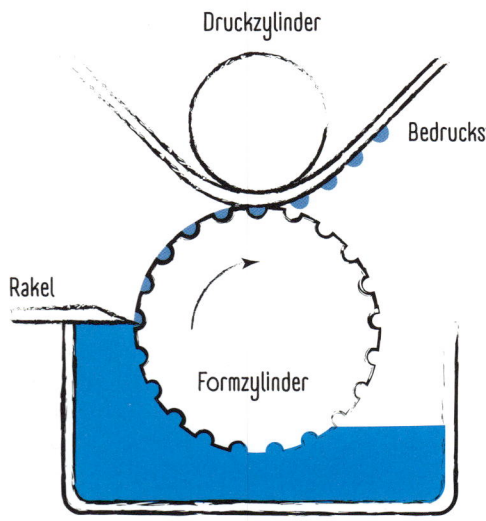

TIEFDRUCK

Im 19. Jahrhundert entwickelte sich das **Rotationsverfahren** mit mehreren rotierenden Walzenrollen und Farben. Das gängigste Rotationsdruckprinzip ist der Tiefdruck. Hierfür sind hauptsächlich zwei Walzen von Bedeutung: Die Formzylinderwalze aus Kupfer besitzt ein eingraviertes oder geätztes Muster, die andere Walze übernimmt die Funktion des Gegendrucks. Die Farbe wird in die Vertiefungen (sogenannte Näpfchen) gedrückt. Die überschüssige Druckfarbe wird anschließend abgerakelt. Während des Drucks wird die Farbe durch Kapillarwirkung aus den Vertiefungen auf das Papier übertragen. Durch eine Musterübertragung mithilfe eines Rasters ist der Tiefdruck der qualitativ hochwertigste Druck. Papier- und Metalltapeten werden u.a. im Tiefdruck hergestellt.

Druckzylinder

Bedruckstoff

Rakel

Formzylinder

SIEBDRUCK

Die Schablonendrucktechnik aus Zeiten der Hand-verarbeitung wurde weitgehend vom Siebdruck-verfahren abgelöst. Eine Siebschablone besteht aus einem feinmaschigen Netz aus Gaze und wird mit einem Schablonennegativ belegt und anschließend belichtet. Nach der Belichtung kann die Farbe durch die belichteten Stellen auf das Papier dringen. Alle unbelichteten Stellen bleiben farbundurchlässig. Für Motive mit mehreren Farben wird pro Farbauf-trag ein neues Sieb benötigt. Zum Druck wird der Rahmen auf der Vorrichtung justiert. Die Farbe wird mit einem Gummirakel gleichmäßig über die Fläche gestrichen.

Der Siebdruck ermöglicht einen hohen Farb- bzw. Pastenauftrag, kann aber auch auf ungleichmäßi-gen und rauen Oberflächen angewandt werden und benötigt dabei wenig technisches Zubehör. So sind die Kosten für die Anschaffung eines Siebes im Vergleich zu einem Druckwalzensatz gering.[3] Durch Verwendung einer Spezialpaste schäumt das Motiv unter hohen Temperaturen auf, wodurch eine relief-artige Wirkung entsteht. Insbesondere reliefartige Vinyltapeten werden daher im Siebdruckverfahren hergestellt.

3 Vgl.: Biermann/ Klinkhardt S. 91 f.

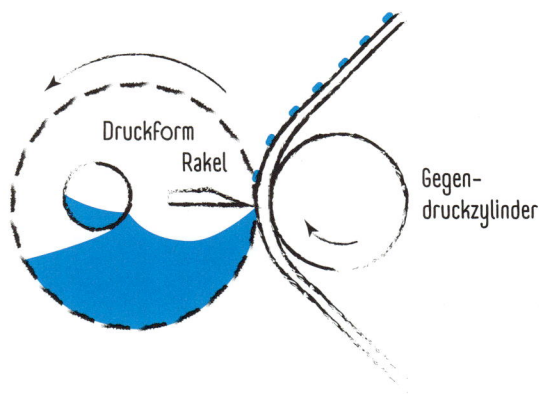

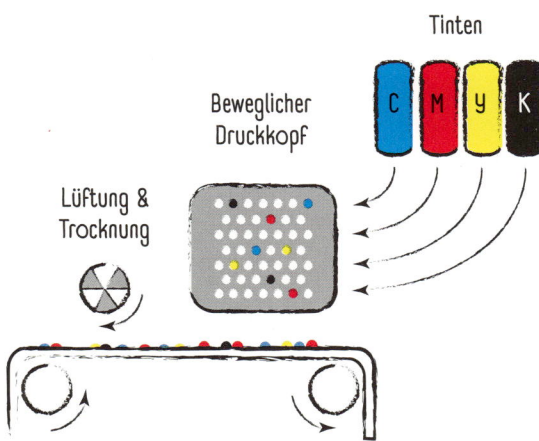

DIGITALDRUCK

Eine moderne Technik stellt der Digitaldruck dar. Bei diesem Druckverfahren sind schnelle Liefer-zeiten und **individuelle Designs** möglich, da keine zusätzlichen Walzen oder Siebe hergestellt wer-den müssen. Ähnlich einem überdimensionalen Tintenstrahldrucker wird mit einem beweglichen Druckkopf das Druckmotiv direkt auf den späteren Wandbelag gedruckt. Es werden überwiegend latex-basierende Tinten eingesetzt, die sich neutral auf das Raumklima auswirken. Es können viele unter-schiedliche Materialien bedruckt werden. Die Muster werden nach einer digitalen Vorlage (Dateiformate: JPG, PDF, o. Ä.) erstellt.

1.2.2
INDIVIDUELLE TAPETENARTEN

PAPIERTAPETEN

Eine der bekanntesten Formen der Tapetenarten ist die Papiertapete. Je nach Veredelung der Papierbahnen sind diese in flacher oder geprägter Ausführung erhältlich und werden überstreichbar, uni oder bunt gestaltet angeboten.

Im Lauf der Zeit haben sich neben Papiertapeten auch andere Tapetenarten entwickelt, die aufgrund ihres Basismaterials speziell angefertigt werden müssen.

NATURWERKSTOFFTAPETEN

In der Natur vorkommende Materialien sind aufgrund ihrer natürlichen Wirkung auf die Raumatmosphäre beliebt. Naturwerkstofftapeten stellen Unikate dar. Die faserigen Stoffe werden in handwerklicher Arbeit aufbereitet und auf ein Trägermaterial verklebt. Zu den gängigen Naturwerkstoffen gehören Gräser, Korkschichten, Blätter, Porzellan oder Granulate. Vor allem Gräser müssen vor der Verarbeitung aufwändig vorbehandelt werden: Sie werden gewaschen, gebleicht, aufgesplittert, getrocknet und anschließend zu langen Fäden zusammengeknotet. Die Gräser wachsen in Korea, China und Japan und werden auch dort weiterverarbeitet.[4]

4 Vgl.: Steinbrecher/ Wahl; S. 76

TEXTILTAPETEN

Textiltapeten vermitteln Wertigkeit und überzeugen durch stoffliche Anmutung. Naturfasern wie Bast, Jute, Baumwolle und Filz, aber auch synthetische Fasern werden als Kettfäden in Längsrichtung oder als Gewebe auf einen Papier- oder Vliesträger aufgebracht. Auch Glasgewebe fallen unter die Textiltapeten. Diese besitzen eine prägnante Textilstruktur und sind sehr robust. Es gibt verschieden gekreuzte oder gewebte Bindungsarten.

INDIVIDUELLE TAPETEN

Die Tradition der Imitation wertvoller Materialien ist sehr alt und erfreut sich auch heute großer Beliebtheit. Neuste Innovationen verbinden natürliche Materialien wie Schiefer, Beton oder Sand mit synthetischen Zusatzstoffen, um das Material flexibel gestalten zu können. Genaue Rezepturen unterliegen hierbei dem Betriebsgeheimnis.

Ebenso individuell sind handgefertigte Tapeten mit Gold, Silber oder einer Patina. Diese verbinden das traditionelle Handwerk mit neuesten Innovationen. Textilien oder Vliese werden in mehreren Arbeitsschritten metallisiert und anschließend oxidativ veredelt. Charakteristisch für solche Tapeten sind die unterschiedlichen Patinaeffekte, die bei der natürlichen Oxidation des Werkstoffes auftreten.[5]

5 Vgl.: www. architects -paper.com

VLIESTAPETEN

Eine Besonderheit unter den unzähligen Tapetenarten stellen die Vliestapeten dar. Ihr Trägermaterial besteht aus Zellstoff- und Polyesterfasern und ist mit polymeren Bindemitteln verdichtet. Dies verleiht der Tapete später eine sehr hohe Dimensionsstabilität. Die Beschichtung und Veredelung von Vliestapeten ist sehr vielfältig. Es gibt fertige Vliestapeten, glatte oder strukturierte und solche, die mit geeigneten Beschichtungsstoffen überstrichen werden können.

KUNSTSTOFFTAPETEN

Zu den Kunststofftapeten zählen Strukturprofil und Satin-Tapeten, die auf einem Trägermaterial aus Papier oder Vlies veredelt wurden. Hierzu werden spezielle Polymere im Siebdruck auf die Tapetenoberfläche aufgedruckt und unter Hitzeeinwirkung zum Aufschäumen gebracht. Hierbei entsteht der typische dreidimensionale Charakter der Kunststofftapete. Die Vinyltapete besteht aus einer Vinylbeschichtung auf einem Trägermaterial. Die Ausführung kann flach durch den Überzug aus Vinyl/Lack oder als strukturiertes Profil erfolgen. Eine dreidimensionale Struktur wird durch spezielle Vinyl-Pasten erreicht, die durch ein organisches Treibmittel unter Hitze nach dem Siebdruckverfahren aufschäumen (s. S. 11).

1.3
NACHHALTIGKEIT VON TAPETEN

Bautechnologische Produkte unterliegen vielen Qualitätsanforderungen. Die ökologischen Anforderungen der Tapetenproduktion beinhalten zum einen die Umweltverträglichkeit bei Herstellung und Einsatz von Tapeten, zum anderen die Verbraucherfreundlichkeit für ein angenehmes Raumklima. Um diese Anforderungen zu erfüllen, gibt es Normen und Richtwerte, die festgelegte Verfahren aufzeigen, um Produkte fachgemäß zu verarbeiten.

Zertifikate geben Auskunft über die Qualität und Herstellung von Produkten. Es gibt viele Zertifikate mit denen Hersteller ihre Produkte auszeichnen können. Gegen Gebühr werden ihre Produkte nach Zertifizierungsstandards getestet. Anschließend dürfen die Hersteller ihre Produkte mit den entsprechenden Gütesiegeln versehen und bewerben. Der Umweltschutz sollte bei jeder Innenraumgestaltung berücksichtigt werden. Hierfür gibt es verschiedene **ökologische Kennzeichnungen.**

RAL GÜTEZEICHEN
Das Institut für Gütesicherung *RAL Gütezeichen* überprüft die Qualität von Waren und verleiht nach Maßgabe der Vereinssatzung das Recht zur Führung des Gütezeichens. Das Gütezeichen *RAL-GZ 479* stellt die technische Güteanforderung und Prüfung hinsichtlich der gesundheitlichen und ökologischen Unbedenklichkeit von Wandbekleidungen dar.[6]

6 Vgl.: Deutsches Institut für Gütesicherung und Kennzeichnung e.V. S. 3

DER BLAUE ENGEL

Das Siegel des *Blauen Engels* wird für besonders umweltschonende Produkte vergeben. Wandbeläge, die überwiegend (min. 60 %) aus recyceltem Altpapier bestehen, erhalten den *Blauen Engel* nach dem Umweltzeichen *RAL-UZ 35*. Das Papier-Recycling spart Ressourcen und vermindert eine mit neuer Papierherstellung verbundene Umweltbelastung. Das Umweltzeichen *Der Blaue Engel* stellt kein Gütesiegel für das Gesamtprodukt dar, sondern nur für den ausgewiesenen Teil, der unter dem Logo steht.[7]

7 Vgl.: www.blauer-engel.de

FOREST STEWARDSHIP COUNCIL (FSC)

Ein weiteres ökologisches Kennzeichen ist das *FSC-Symbol*. Die Grundprinzipien des FSC, einer nichtstaatlichen gemeinnützigen Organisation, definieren sich durch verantwortungsvolle Waldwirtschaft. Das Holz für die Produktion von Papiertapeten und Faservliesen darf nur aus kontrollierter Waldnutzung stammen. Durch die Zertifizierung der Verarbeitungs- und Handelskette vom Wald bis zum Endprodukt entsteht Transparenz für den Verbraucher. Deswegen ist die *FSC-Kennzeichnung* bereits in vielen Unternehmen ein fester Bestandteil ihrer Produkte.[8]

8 Vgl.: www.fsc-deutschland.de

BAUAUFSICHTLICHE ANFORDERUNG

Tapetenrollen müssen den geltenden europäischen Richtlinien für Bauprodukte entsprechen. Diese werden in Form von *CE-Kennzeichnungen* gemäß der EU-Richtlinien auf den Tapetenrollen vermerkt. Dort wird die Einhaltung von Anforderungen zur Gewährleistung von Gesundheitsschutz, Sicherheit und Umweltschutz aufgeführt. In den Vorgaben zur *DIN EN 15102 Dekorative Wandbekleidungen – Rollen- und Plattenform* werden die Bedingungen für die *CE-Kennzeichnung* von Wandbekleidungsprodukten in Form von Rollen und Platten für die vorgesehenen Verwendungszwecke festgelegt.[9]

9 Vgl.: DIN EN 15102 S. 19

CE

A.S. Création Tapeten AG, Südstr. 47, 51645 Gummersbach

2015 - DoP 2

EN 15102

0071
EN 13501-1: B-s1,d0

2. Verarbeitungs-technologie

Das Angebot an Tapeten scheint unbegrenzt.

Unzählige Farben, spezielle Designstrukturen und individuelle

Kreationen sorgen dafür, dass die Tapete ein fast unverzichtbares

Raumelement geworden ist. Durch verschiedene haptische

Eigenschaften und einfache Verarbeitungsmöglichkeiten entsteht

eine Bandbreite an Gestaltungsmöglichkeiten für jede Raum-

dimension. Ein Profi kennt die Verarbeitungsverfahren von

Wandbelägen unter Beachtung der Untergrundvorbereitung

und weiß, wie eine Tapezierarbeit unfall- und beanstandungsfrei

durchgeführt werden kann.

2.1
BUNDESAUSSCHUSS FARBE UND SACHWERTSCHUTZ (BFS)

Der *Bundesausschuss Farbe und Sachwertschutz (BFS)* verfolgt das Ziel, die Öffentlichkeit über die Bedeutung von Farbe und Sachwertschutz aufzuklären. In Fachgremien dieser Vereinigung werden die technischen Richtlinien für Maler- und Lackiererarbeiten – die **BFS-Merkblätter** – erarbeitet. Diese *BFS-Merkblätter* beschreiben den Stand der Technik und geben u. a. einen Überblick zu Tapezier-, Klebe- und Spannarbeiten. Sie bestimmen Anforderungen für die Stoffe, Untergründe und die Verarbeitung.[10]

10 Vgl.: BFS-Satzung

Als Grundlage für den Prozess des Tapezierens und eine fachgerechte Untergrundbehandlung sollten die BFS- Merkblätter zur Hand genommen werden. Diese können als Sammelordner oder in Form von Einzelmerkblättern online, per Email, per Fax oder postalisch erworben werden.

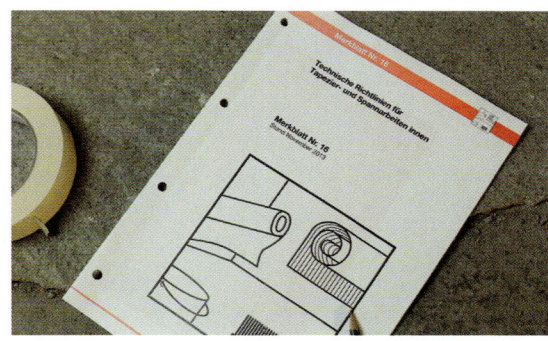

MERKE:

Online: *www.farbe-bfs.de*
Email: *info@farbe-bfs.de*

2.2
VERGABE- UND VERTRAGSORDNUNG FÜR BAULEISTUNGEN (VOB)

Die *Vergabe- und Vertragsordnung für Bauleistungen (VOB)* stellt allgemeine Geschäftsbedingungen und technische Richtlinien für die Erbringung von Bauleistungen bereit. Die Richtlinien unterteilen sich in drei Abschnitte: Teil A und B führen die allgemeinen Bestimmungen und Vertragsbedingungen auf.

Teil C (gleichzeitig als *ATV DIN 18366 „Allgemeine Technische Vertragsbedingungen für Bauleistungen (ATV) – Tapezierarbeiten"*[11]) bezeichnet erforderliche Ausführungsarbeiten und benennt Abrechnungsleistungen, wie beispielsweise das Ausbessern umfangreicher Schäden am Untergrund.[12]

11 Vgl.: DIN VOB Teil C Tapezierarbeiten S. 6 ff.

12 Vgl.: DIN VOB Teil C Tapezierarbeiten S. 13

Bevor der Untergrund vorbereitet wird, sollte er genau analysiert werden. Eine solche Prüfung ist laut der *VOB DIN 18366* vorgeschrieben. Jeder Handwerker ist vor Beginn der Arbeit dazu verpflichtet, dem Auftraggeber festgestellte Mängel schriftlich mitzuteilen. Andernfalls haftet der Handwerker für entstandene Fehler beim Tapezieren.

Mängel lassen sich mittels baustellenüblicher Prüfmethoden beurteilen (s. S. 23). Ist die Bedenkenanmeldung ordnungsgemäß erfolgt und der Handwerker soll den Auftrag dennoch ausführen, so ist dieser von der Haftung befreit. Zuvor aufgenommene Mängel stellen besondere Leistungen dar, die bei der Abrechnung gesondert aufgelistet werden müssen.

Die **Bedenkenanmeldung** kann bei verschiedenen Mängeln erfolgen:[13]

13 Vgl.: DIN VOB Teil C Tapezierarbeiten S. 8 f.

· bei ungeeigneter Beschaffenheit des Untergrundes (bei sandigem oder kreidigem Putz, bei ungenügend festem, feuchtem oder ungeeignetem Untergrund, bei Ausblühungen und Schimmelbefall)

· bei ungeeigneten raumklimatischen Bedingungen

· bei Unebenheiten, die technische und optische Anforderungen an das Tapezieren beeinträchtigen

· bei Wasserrändern

· bei Verunreinigungen durch Öle, Fette oder Nikotin

· bei klaffenden Fugen zwischen Putz und Einbauteilen.

Um eine fachgerechte und mängelfreie Ausführung der Tapezierarbeiten zu gewährleisten, sollten entweder die Richtlinien der *ATV DIN 18366* oder die Merkblätter des *Bundesausschusses Farbe und Sachwertschutz (BFS)* beachtet werden.

MERKE:

Auf dem **Musterblatt zur Bedenkenanmeldung** *(nach VOB/B § 4.3)* müssen folgende **Angaben** gemacht werden:

· Angaben über den **Bauort, Bauabschnitt** und den **Auftraggeber**

· über die **Art der Leistungsausführung**

· Vermerke, gegenüber **welchen der sechs** Mängel Bedenken angemeldet wird

· **Erläuterungen und Begründungen** zu den Bedenken

· Mitteilung, ob die Arbeit **fortgeführt, oder eingestellt** wird

2.3
UNTERGRUND-VORBEHANDLUNG

2.3.1
TAPEZIER-UNTERGRÜNDE

Je nach Untergrund müssen verschiedene Techniken angewandt werden, um eine optimale Tapezierung zu gewährleisten. Zu den Standarduntergründen zählen Innenputzflächen nach *DIN 18550*, Gipskarton-, Gipsbauplatten und Betonflächen. Insbesondere Holzwerkstoffe, Metall-und Kunststoffuntergründe, Altanstriche und Glasgewebe benötigen eine spezielle Vorbehandlung.

> **MERKE:**
>
> Der Untergrund muss **sauber, trocken, chemisch neutral, leicht saugfähig, tragfähig, glatt und fest** sein.

BETON

Beton ist ein künstlicher Stein. Seine Eigenschaften sind in der *DIN EN 206* beschrieben. Der Baustoff wird durch Mischen von Zement, grober und feiner Gesteinskörnung und Wasser, mit oder ohne Zugabe von Zusatzmitteln hergestellt. Er erhält seine Eigenschaften durch die Hydratation des Zements. Durch verschiedene Zuschlagstoffe entstehen Betonarten mit unterschiedlicher Rohdichte. Je nach Zuschlagstoff verändert sich auch die Saugfähigkeit des Betons. So hat Leichtbeton mit porigen Zuschlagstoffen eine höhere Saugfähigkeit als Normal- oder Schwerbeton.[14] Als Untergrund für Tapezierarbeiten kommen laut *BFS* nur Normal- und Leichtbeton mit geschlossenem Gefüge in Betracht.[15] Beim Anbringen einer Wandbekleidung ist darauf zu achten, dass die Betonoberfläche glatt ist. Herstellungsbedingte Rückstände von Schalungen müssen ausgebessert und gegebenenfalls fluatiert werden. Zum Zeitpunkt der Tapezierung muss der Beton trocken sein und abgebunden haben. Da Beton in Verbindung mit Feuchtigkeit alkalisch reagiert, sollte der Werkstoff zur Oberflächenbehandlung alkalibeständig sein. Zur optimalen Untergrundvorbereitung wird der Beton mit Tiefgrund grundiert.

14 Vgl.:
DIN EN 206
S. 10

15 Vgl.:
BFS Merkblatt
Nr. 8
S. 5

BAUPLATTEN

Bauplatten sind fabrikfertige Platten in verschiedener Größe und Oberflächenbeschaffenheit. Sie werden für den Teilfertigbau, den Trockenausbau von Innenräumen und die Altbausanierung verwendet. Bei der Verarbeitung muss darauf geachtet werden, dass die erstellten Wand- und Deckenflächen eben und glatt sind. Fugen in der Fläche, Nagel- oder Schraubenköpfe und Eindruckstellen müssen daher plan verspachtelt werden und eventuell mit einer Armierung überzogen werden. Nicht werksseitig imprägnierte Gipskartonplatten müssen mit Grundbeschichtungsstoffen (Tapetenwechselgrund) vorbehandelt werden.[16] Bei der Verarbeitung von **Gipsbauelementen** muss die stark saugende Oberfläche für die anschließende Beschichtung mit einem Grundbeschichtungsstoff (hier Kleister) egalisiert werden.

16 Vgl.:
DIN VOB Teil C
Tapezierarbeiten
S. 8 ff.

PUTZE

Putze dienen der Gestaltung von Wandflächen. Sie schützen den Untergrund und dienen der Feuchtigkeitsregulierung und dem Witterungs- oder Wärmeschutz. Die Auswahl des Putzes sollte auf den jeweiligen Untergrund abgestimmt werden. Abriebfestigkeit und Oberflächenbeschaffenheit sollten nach der Putzanwendung ausgewählt werden.[17]

17 Vgl.: DIN V 18550 S. 8 ff.

TABELLE 1: PUTZGRUPPEN UND DEREN EIGNUNG FÜR WANDBEKLEIDUNGEN NACH DIN V 18550

PUTZMÖRTELGRUPPE	MÖRTELART	ANWENDUNG	EIGNUNG FÜR WANDBEKLEIDUNG
P I	a) Luftkalkmörtel b) Wasserkalkmörtel c) hydraulischer Kalkmörtel	· innen, außen, nur bei geringer Belastung	/ / · leichte Tapeten
P II	a) hydraulischer Kalkmörtel b) Kalk-Zement-mörtel	· innen, außen, nur bei großer Belastung	· leichte Tapeten · schwere Tapeten · Spezialtapeten*
P III	a) Zementmörtel mit Kalkhydrat b) Zementmörtel ohne Kalkhydrat	· wassersper-rende Putze, · Unterputze	· leichte Tapeten · schwere Tapeten · Spezialtapeten*
P IV	Gipsmörtel und gipshaltige Mörtel	· innen, nicht für Feucht-räume	· leichte Tapeten · schwere Tapeten · Spezialtapeten*

* nach Herstellerangabe

Die unterschiedlichen Verputzungen werden aufgrund ihrer **Oberflächenbeschaffenheit** in vier Qualitätsstufen unterschieden:

TABELLE 2: ÜBERSICHT DER QUALITÄTSSTUFEN FÜR INNENPUTZOBERFLÄCHEN NACH DIN V 18550

Q-STUFE	ABGEZOGENE PO*	GEGLÄTTETE PO	GEFILZTE/ABGERIEBENE PO
Q1	· geschlossene Putz-flächen	/	/
Q2 Standard	· dekorative Oberputze · Wandbeläge aus Keramik, Natur- und Kunststein	· dekorative Oberputze · mittel bis grob strukturierte Wand-bekleidungen · matte, gefüllte Anstriche/Beschich-tungen mit grober Lammfell-/Strukturrolle aufgetragen	· matte, nicht strukturierte Beschichtungen ⟶ abgeriebene PO auch für: · grob strukturierte Wand-bekleidungen
Q3	· dekorative Oberputze · Wandbeläge aus Fein-keramik, großformatige Fliesen, Glas, Natur- und Kunststein	· dekorative Oberputze · fein strukturierte Wandbekleidungen · matte, fein strukturierte Anstriche/Beschich-tungen	· matte, nicht strukturierte Anstriche/Beschich-tungen
Q4	/	· glatte oder strukturierte Wandbekleidungen mit Glanz (Metall-, Vinyl-, Seidentapeten, Lasuren, Spachtel-/Glätte-technik)	· Qualitätsstufe wird durch Aufbringen einer zusätz-lichen Lage aus Dekor-Filzputz erreicht

* PO = Putzoberfläche

Für die Tapezierung sollte der Putzuntergrund eben, tragfähig, ausreichend formstabil, staubfrei und frei von sonstigen Verunreinigungen sein. Die Tempera-tur bei der Verarbeitung sollte 5 °C nicht unterschrei-ten. Putzuntergründe sind stark saugend und bis zur völligen Erhärtung alkalisch.

Zur optimalen Vorbereitung sollte mit Grundbe-schichtungsstoffen die Saugfähigkeit egalisiert und bei etwaigen Ausblühungen der Untergrund flua-tiert werden. Auf leicht rauen Putzuntergründen empfiehlt es sich, einen flüssigen Beschichtungsstoff aufzutragen.

TABELLE 3: RISSARTEN UND RISSURSACHEN

RISSARTEN	MERKMAL		MASSNAHME

PUTZBEDINGTE RISSE

Haar- und Netzrisse	Risse an der Oberfläche in der Oberputzschicht	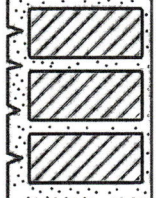	→ rissüberbrückendes Spachteln
Schwundrisse	Risse durch die gesamte Putzlage		→ ganzflächiges Spachteln

VOM PUTZTRÄGER AUSGEHENDE RISSE

Stoßfugen- und Lagerfugenrisse	Risse vom Putzträger ausgehend, identisch im Verlauf der Mauerwerksfugen (typischer Rissverlauf)	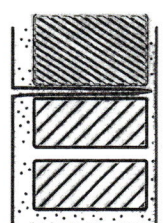	→ Überbrückung mittels Armierung

KONSTRUKTIONSBEDINGTE RISSE

baudynamische und statische Risse	durch Bewegungen und Verformungen infolge von Zug- und Druckspannung im Mauerwerk, Risse können bis in das Mauerwerk hinein- reichen	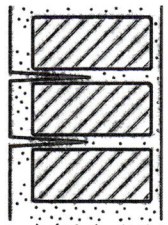	→ keine dauerhafte Beseitigung möglich

2.3.2
PRÜFEN DES UNTERGRUNDES

18 Vgl.:
BFS Merkblatt-
Nr. 10
S. 6

Um Reklamationen zu vermeiden und eine qualitativ hochwertige Tapezierarbeit zu gewährleisten, sollte der Untergrund ausreichend geprüft werden. Schäden an Wänden lassen sich mittels verschiedener Prüfmethoden[18] feststellen.

> **MERKE:**
>
> Der Untergrund muss mindestens so fest sein, wie die aufzubringende Klebung!

BEFUND | **FEUCHTIGKEIT**

MERKMALE
· dunkle Flecken, Wasserränder, Kondenswasser
· Folienprobe, wenn Augenscheintest nicht ausreicht

BEHANDLUNG → Ursache für Feuchtigkeit finden und beseitigen, Lüften/Heizen

PROBE

BEFUND | **SALZAUSBLÜHUNGEN**

MERKMALE
· bei feuchten Wänden lösen sich im Mauerwerk vorhandene Salze, die Feuchtigkeit verdunstet an der Wandoberfläche und das Salz fällt flaumigblühend aus

BEHANDLUNG → Feuchtigkeit unterbinden, Salze trocken abbürsten und isolieren bzw. fluatieren

PROBE

 01 Augenscheinprobe

 02 Hygrometertest

 03 Folienprobe

 04 Benetzungsprobe

BEFUND	**SCHIMMELFLECKEN**
MERKMALE	· dunkler Bewuchs
BEHANDLUNG	→ nach dem Austrocknen gründlich abputzen, Zinkfluide/spezielle fungizide (pilzwidrige) Lösungen zur chemischen Entfernung
PROBE	

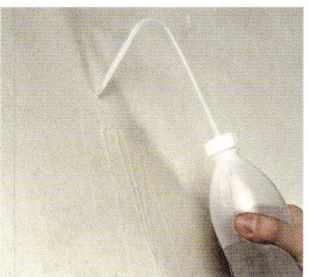

BEFUND	**SAUGFÄHIGKEIT**
MERKMALE	· ungleichmäßig saugende Putze durch Benetzungsprobe feststellen
BEHANDLUNG	→ Untergründe schleifen, anschließend mit verdünntem Kleister/Grundiermittel vorstreichen, bzw. mit Makulatur bekleben
	→ bei stark saugenden Untergründen mit dunkler Verfärbung Saugfähigkeit egalisieren (fluatieren)
PROBE	

BEFUND	**SINTERSCHICHTEN**
MERKMALE	· Bindemittelanreicherungen an der Oberfläche durch Benetzungsprobe oder Kratzprobe (Kratzspur) ermitteln
BEHANDLUNG	→ maschinelle Entfernung durch Abschleifen, anschließend neutralisieren durch Fluatieren
PROBE	 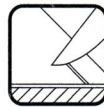

 05 Kratzprobe

 06 Klebestreifentest

 07 Wischprobe

 08 Alkalitätsprobe

BEFUND   **OBERFLÄCHENFESTIGKEIT**

MERKMALE
· wenn die Oberfläche nach der Kratz-
  probe Beschädigungen aufweist oder
  Putz abplatzt, müssen die lockeren
  Stellen entfernt, abgebürstet und
  evtl. neu verputzt werden
· ein sandiger Untergrund wirkt wie
  eine Trennschicht unter der Tapezierung

BEHANDLUNG
→ bei mehligem Abrieb durch
  Wischen mit der Hand kann der
  Untergrund abgefegt und mit
  putzfestigendem Tiefgrund
  behandelt werden
→ sollten nach dem Klebestreifentest
  deutliche Putzrückstände zu sehen
  sein, müssen die Altanstriche voll-
  ständig entfernt und neu aufgetragen werden

PROBE

BEFUND   **ALKALITÄT**

**MERKMALE
+
BEHANDLUNG**
→ bei alkalischen Werten über 8
  (blau) muss der Untergrund
  fluatiert werden
→ bei der Verarbeitung von Metall-
  und Naturwerkstofftapeten (Sei-
  dentapeten) reicht das Fluatieren
  zum Neutralisieren nicht aus. Der
  Untergrund sollte mit Makulatur
  verklebt werden, um ein Verfärben
  der Tapeten zu vermeiden (s. S. 33)

PROBE

2.3.3
WERKZEUGE FÜR DIE UNTERGRUNDVORBEHANDLUNG

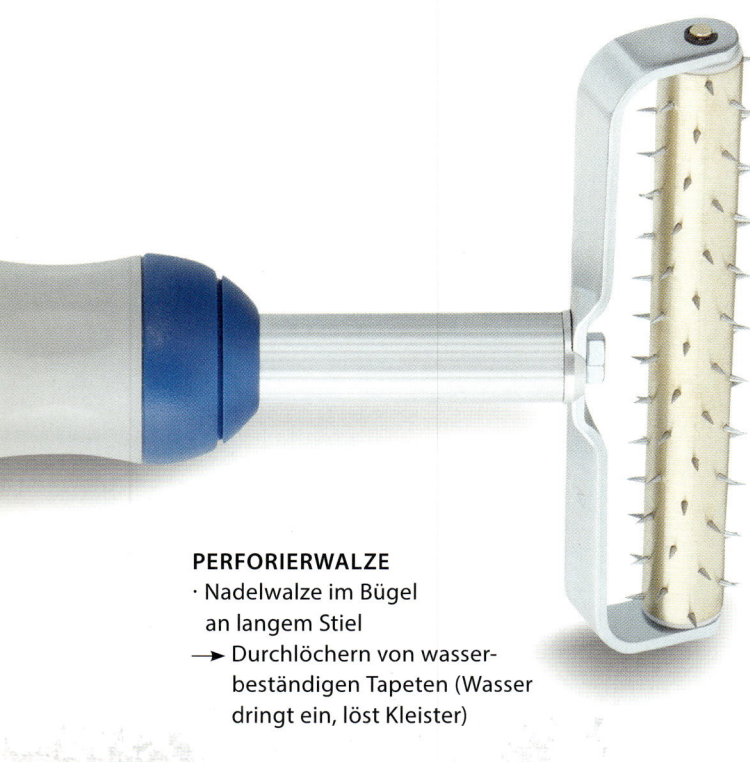

TAPETENSCHABER
· robuste Stahlausführung
  mit auswechselbarer Klinge
→ Entfernen von alten Tapeten

PERFORIERWALZE
· Nadelwalze im Bügel
  an langem Stiel
→ Durchlöchern von wasser-
  beständigen Tapeten (Wasser
  dringt ein, löst Kleister)

SPACHTEL
· trapezförmige Stahlklinge
  an Holz-/Kunststoffgriff
→ Abstoßen schlecht haftender
  Anstriche/Tapeten,
  Ausspachteln von Löchern

FLÄCHENSPACHTEL/RAKEL
· (austauschbare) Stahlklinge in
  Vorrichtung mit Federblatt gehalten
→ Abschaben loser und alter Tapeten
  sowie Ausspachteln größerer Flächen

JAPANSPACHTEL
· dünnes, biegsames, rechteckiges
  Stahlblech an Kunststoffrücken
→ Spachteln kleiner Unebenheiten
  und Anschlüsse

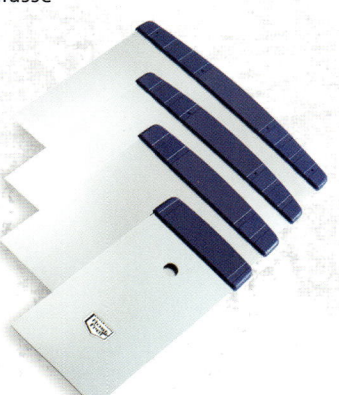

GLÄTTKELLE
· rechteckige Spachtelfläche
  aus rostfreiem Stahl oder
  Kunststoff (winkelförmiger Griff)
→ großflächiges Spachteln

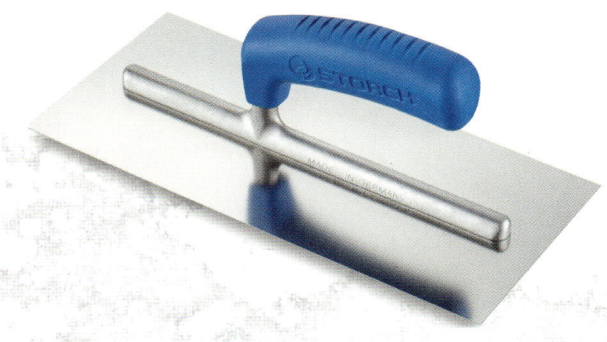

HEISSDAMPFGERÄT
· Leitung von Wasserdampf
  durch einen Schlauch
→ Lösen von festhaftenden
  Tapeten mit Dispersions-
  kleber, zuvor perforiert

2.3.4
UNTERGRUND-
VORBEREITUNG

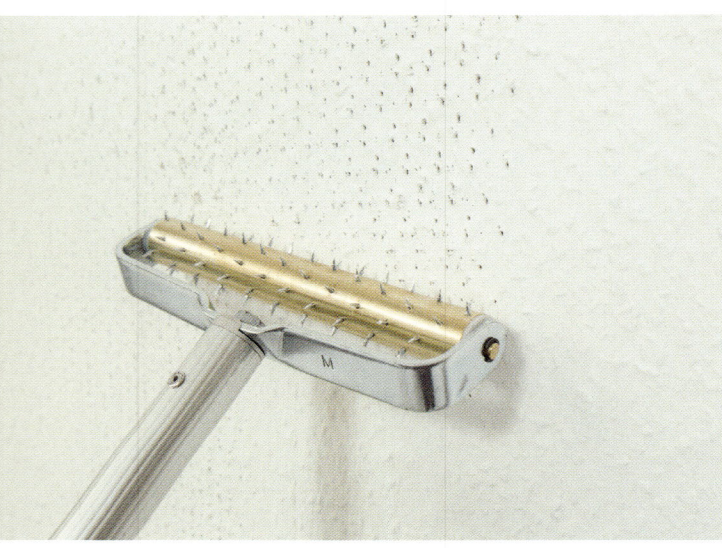

ENTFERNEN ALTER TAPETEN

Alte Tapeten sollten restlos entfernt werden, andernfalls führen Spannungen und Feuchtigkeitsansammlungen zum Ablösen der neuen Tapeten. Bei Präge- und Reliefdrucktapeten würden sich Strukturen auf die Oberfläche der neuen Tapete durchdrücken, eine ebene Tapezierung könnte somit nicht gewährleistet werden. Alte Bronzedrucktapeten oder metallische Tapeten könnten zu Verfärbungen bei hellen Tapeten führen.[19]

Das Ablöseverhalten der Tapete ist von mehreren Faktoren abhängig:[20]

· **Art des Klebstoffes** (reversibel vs. irreversibel)

· **Menge und Konsistenz** des Klebers

· **Saugfähigkeit** des Untergrundes

· **Feuchtigkeitsbelastungen**, denen die Tapete in der Vergangenheit ausgesetzt war

19 / 21 Vgl.: Jakubowski S. 116 f.

20 Vgl.: Steinbrecher/ Wahl; S. 31

Alte Tapeten lassen sich nach dem Einweichen mit Wasser relativ leicht in Bahnen abziehen. Sollte sich die alte Tapete als hartnäckig erweisen, kann dem Wasser Tapetenlöser beigefügt werden. Durch die Verwendung chemischer Zusätze wird die Oberflächenspannung des Wassers verändert und somit die Benetzbarkeit der Tapete verbessert. Ebenso wirksam ist eine Zugabe von ca. 5–10 % Kleister zum Wasser, so haftet die Feuchtigkeit länger auf der Tapete. Nach kurzer Einweichzeit können die Tapetenbahnen mit dem Tapetenschaber abgekratzt werden. Waschbeständige Tapeten können mit einer Perforierwalze durchlöchert werden, damit die Einweichmittel durch die Öffnungen besser eindringen können. Irreversible Klebeuntergründe können durch Wärme gelöst werden. Hierzu kann ein Heißdampfgerät verwendet werden. Waschfeste Tapeten sollten zudem perforiert werden, damit der Dampf durch die Löcher zum Kleber durchdringen kann.[21]

ENTFERNEN ALTER BESCHICHTUNGEN

Auch alte Beschichtungen ohne Tapete müssen vorbehandelt werden. Schlecht haftende Altbeschichtungen sind kein idealer Untergrund für Klebemittel und müssen daher entfernt werden. Auch Leimfarben sind reversibel und somit kein tragfähiger Untergrund für eine Tapezierung. Sie lassen sich mit Wasser gründlich entfernen. Wischfeste Dispersionsanstriche lassen sich mit Wasser und der Zugabe von Tapetenlöser anquellen und können dann abgeschabt werden. Waschfeste Dispersionsanstriche dagegen müssen durch den Klebebandtest auf ihre Haftung hin überprüft werden. Feste Beschichtungen können übertapeziert werden, blätternde Beschichtungen hingegen müssen abgestoßen werden. Falls Letzte sich nicht ablösen lassen, können sie auch mit Abbeizfluiden gelöst werden. Anschließend kann der Untergrund mit einer Grundierung gefestigt werden. Öl- und Alkydharzlackfarben lösen sich durch Ablaugen. Nikotin- oder Farbstiftflecken können mit Absperrmitteln entfernt werden, um ein Durchschlagen der Flecken zu verhindern. Auch gut haftende Altanstriche müssen von Fett und Schmutz befreit werden. Der optimale Tapezieruntergrund ist vollflächig glatt, sauber und eben. [22]

22 Vgl. : DIN VOB Teil C Beschichtungen S. 16

SPACHTELARBEITEN

Alle Untergründe mit rauer Oberfläche sind vollflächig zu spachteln und zu glätten. Die Qualität der
Spachtelung muss auf die zu klebende Wandbekleidung angepasst sein. Die Spachtelschicht muss zum
Beginn der Tapezierung getrocknet und schleifbar
sein. Eine glatte, ebene Wand ist für die Tapezierung
sehr wichtig. Löcher, Risse, Spachtelgrate und Naht-
stöße von Gipsbauplatten sollten gut verspachtelt
werden, andernfalls bleiben sie nach dem
Tapezieren sichtbar. [23]

23 Vgl.:
BFS Merkblatt
Nr. 16
S. 11

STEP 1

STEP 2

STEP 3

STEP 4

TABELLE 4: SPACHTEL- UND FÜLLMASSEN UND IHRE EIGNUNG FÜR TAPEZIERARBEITEN[24]

PRODUKTGRUPPE	ANWENDUNG	HINWEISE	EIGNUNG FÜR TAPEZIERUNG
1. lufttrocknende Glätt-/Spritzspachtel-massen (Pasten-/Pulverform)	· dünnschichtig bis 3 mm	/	/
1a) Leimspachtelmassen	· dekorative Beschichtungen	· spontan wasser-quellbar · bei Renovierung vollständige Entfernung	· ungeeignet
1b) Dispersions-spachtelmassen	· zum Niveau-ausgleich · dekorative Spritzbeschichtung	· erfordern vor-festigende Grundierung · als Träger für schwere Tapeten geeignet	· bedingt geeignet
2. Gipsspachtelmassen (hydratisierend)	· zum Füllen von Fugen · für flächiges Spachteln	· Härtung produktspezifisch	· geeignet
3. kunststoffvergütete, Füll-/Glätt-/Spritz-spachtelmassen (hydratisierend/hydraulisch)	· zum Füllen von Fugen · für Beschichtungen · dünn- und dick-schichtiges Spachteln	· rasche Abbindezeit · gute Haftung auf saugenden Untergründen	/
3a) Gipsspachtelmassen	/	/	· gut geeignet
3b) Zement-spachtelmassen	/	· wasserbeständig	· bedingt geeignet

24 Vgl.: DIN VOB Teil C Beschich-tungsarbeiten; S. 16

MERKE:

Durch seitliches Ausleuchten mittels Taschen-lampe wird geprüft, ob die gespachtelten Flächen noch Unebenheiten aufweisen.

GRUNDIEREN

Zum Tapezieren eignen sich verschiedene Untergründe: mineralischer Putz, Gipskartonplatten, Holzwerkstoffplatten und Sichtbeton, wenn diese glatt und eben sind. Es können verschiedene **flüssige oder feste Unterlagsstoffe** auf den Untergrund aufgetragen werden, um einen **gleichmäßig saugenden und spannungsarmen Untergrund** zu erhalten.

Arten und Funktionen des Grundierens:

1. **Tiefgrund:**
   reguliert die Saugfähigkeit und egalisiert das Saugverhalten des Untergrundes

2. **Tapetengrund:**
   sorgt für ausreichende Haftung bei nachfolgenden Tapezier-und Klebearbeiten

3. **Isoliergrund:**
   sperrt wasserlösliche Salze, Nikotin oder Spuren von lösemittelhaltigen Stiften ab

Grundanstrichstoffe sollten:

· leicht sandende Putze/kreidende Restanstriche festigen

· das Aufweichen der Oberfläche von Gipskartonplatten verhindern, damit sich die Tapeten später besser lösen lassen

· den Untergrund nicht unnötig absperren

· aus Gründen des Arbeitsschutzes und der Ökologie aus wasserbasierten Grundstoffen bestehen (außer Holzwerkstoffe)

WASSERVERDÜNNBARE GRUNDBESCHICHTUNGSSTOFFE

Wasserverdünnbare Grundbeschichtungsstoffe werden für saubere, feste, lufttrocknende Putze, Beton, Gipskarton- und Gipsbauplatten eingesetzt. Dazu zählen verdünnter Normalkleister in einem bestimmten Verhältnis mit Wasser gemischt, farbloser Tiefgrund, ein wasserbasiertes Grundiermittel auf Basis feinteiliger Kunstharzdispersion und pigmentierter Tiefgrund, welchem weiße Pigmente hinzugefügt werden. Diese Grundbeschichtungsstoffe dienen vor dem Tapezieren zur Oberflächenfestigung und zur Regulierung der Saugfähigkeit des Untergrundes sowie dessen Egalisierung. [25]

25 Vgl.: BFS Merkblatt Nr. 16 S. 13 f.

FLÜSSIGER TAPETENWECHSELGRUND

Wenn die Wände regelmäßig neu tapeziert werden sollen, eignet sich zur Grundierung eine wasserverdünnbare Trennemulsion. Bei der richtigen Anwendung eines solchen Tapetenwechselgrundes kann die Tapete vor der neuen Tapezierung bahnenweise trocken abgezogen werden. Dies ist praktikabel für Raumausstatter/Innen oder Gestalter/Innen für visuelles Marketing, die mit regelmäßig wechselnden Raumsituationen oder im Bereich Messebau arbeiten. Als Untergründe eignen sich saugfähige Innenputze oder Gipskartonplatten. Allerdings ist der Tapetenwechselgrund nur für leichte bis mittelschwere Papiertapeten geeignet. [26]

26 Vgl.: DIN VOB Teil C S. 11

MAKULATURPAPIER/ ROLLENMAKULATUR

Makulaturpapier wird als Untergrund für viele hochwertige Tapeten verwendet. Das unbedruckte, saugfähige Rohpapier ist in verschiedenen Stärken erhältlich und schafft einen gleichmäßig saugenden sowie hellen Arbeitsgrund. Trocknungsspannungen beim Tapezieren auf Stoß werden ausgeglichen und ein Aufgehen der Nähte verhindert. Das Makulaturpapier eignet sich besonders bei hochwertigen, schwer zu verarbeitenden Wandbelägen, die hohen Spannungen ausgesetzt sind. Die Verklebung erfolgt mit dem gleichen Kleber wie bei der nachfolgenden Tapete. Nach kurzer Einweichzeit wird das Makulaturpapier auf Stoß tapeziert. Wird die Tapete mit Dispersionskleber verklebt, sollte eine spaltbare Rollenmakulatur als Unterlagsstoff gewählt werden. [27]

27 Vgl.: BFS Merkblatt Nr. 16 S. 15

GEWEBE UND VLIESE

Spezialvliese aus Zellstoff, Kunstfasern und einem organischen Bindemittel sind ideale Anstrichträger und können ohne Weichzeit verklebt werden. Sie werden in der Wandklebetechnik verarbeitet und überbrücken Risse. Als Klebstoff sollte ein Spezialkleister im Ansatzverhältnis 1:20 plus 10 % gefülltem Dispersionskleber angemischt werden.

2.4
VORBEREITEN DER TAPETEN

Bei der Vorbereitung ist zunächst zu beachten, dass der Untergrund ausreichend geprüft und eventuelle Mängel behoben werden (s. S. 23). Anschließend wird der Bedarf an Tapete berechnet. Die Tapete muss auf ihre Qualität geprüft und der Tapetenzuschnitt sorgfältig ausgeführt werden. Eine ungenaue Kalkulation kann zum Beispiel Nachbestellungen von Tapetenrollen und damit einen höheren Arbeits- und Zeitaufwand zur Folge haben.

Für die Berechnung des Tapetenbedarfs sind folgende Faktoren zu berücksichtigen:

· **Umfang des Raumes**

· **Raumhöhe**

· **Rapport**

Standardrollen haben eine Länge von 10,05 m und eine Breite von 0,53 m. So kann mit einer Rolle eine Fläche von 5,33 m² abgedeckt werden.[28] Produktionsbedingt können manche Tapetenrollen jedoch andere Maße aufweisen.

28 Vgl.: DIN EN 234 S. 3

Berechnung des Rollenbedarfs beim Standardmaß:

$$\frac{\text{Raumumfang x Raumhöhe}}{5}$$

Um den Verschnitt bei einem versetzten Ansatz mit Rapportlänge zu berücksichtigen wird durch den kleineren Nenner 4 geteilt.

Berechnung des Rollenbedarfs bei Rapport:

$$\frac{\text{Raumumfang x Raumhöhe}}{4}$$

TABELLE 5: ABSCHÄTZUNG DES ROLLENBEDARFS

RAUMUMFANG	ROLLENZAHL IN ABHÄNGIGKEIT ZUR RAUMHÖHE:		
	2,10 M – 2,35 M	2,40 M – 3,05 M	3,10 M – 4,00 M
6,00 m	3	4	5
10,00 m	5	7	9
12,00 m	6	8	11
15,00 m	8	10	14
18,00 m	9	12	17
20,00 m	10	14	19
24,00 m	12	16	23
31,00 m	15	19	25

2.4.1

TAPETEN PRÜFEN

Die gelieferten Tapeten müssen auf **Schäden** überprüft werden. Weist die Tapete z.B. Fehler in der **Farbigkeit, Struktur oder Oberfläche** auf, können vor der Verarbeitung Beanstandungen beim Hersteller geltend gemacht werden.

Auf der Vorderseite des Beilagezettels zur Tapetenlieferung sind sämtliche Kennzeichnungen angegeben, auf der Rückseite sind Angaben zur Verarbeitung der Tapete aufgeführt.

TABELLE 6: KENNZEICHNUNG FÜR TAPETEN

SICHTBARE KENNZEICHNUNG	ZUSÄTZLICHE KENNZEICHNUNG (SYMBOLE S. 40–41)
· Nummer der Europäischen Norm	· Wasserbeständigkeit bei Verarbeitung
· Herstellername	· Angaben zum Tapezierverfahren (Überlappung, Doppelschnitt)
· Produktbeschreibung	· Art der zu verwendenden Klebstoffe
· Kennzeichen des Produktes (Artikel-/Anfertigungsnummer)	· Rapport und Ansatz
· Größenangaben (Breite, Länge und Flächeninhalt der Rolle)	· Art der Entfernung
· Symbole für Qualitätsanforderungen und Verarbeitungshinweise	· Duplizierte Prägetapeten
	· Lichtbeständigkeit
	· Oberflächenwaschbarkeit
	· Brandverhalten

Laut *DIN EN 233*-Kennzeichnung besitzt die hier beispielhaft aufgeführte Wandbekleidung folgende Eigenschaften:

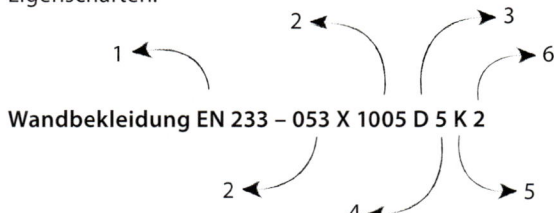

Wandbekleidung EN 233 – 053 X 1005 D 5 K 2

1) Gültige DIN-Norm

2) Breite von **0,53** m

2) Länge von **10,05** m

3) Abwaschbarkeit: scheuerbeständig **D**

4) Farbechtheit: gute Farbbeständigkeit **5**

5) Verarbeitung: Vorkleistern **K**

6) Entfernung: spaltbar abziehbar **2**

KONTROLLE DER ANFERTIGUNGSNUMMER UND DER ROLLENANZAHL

Zunächst sollte festgestellt werden, ob es sich um die bestellte Wandbekleidung handelt, dann sollte die Anzahl der gelieferten Rollen überprüft werden. Jede Tapetenrolle erhält nach der Produktion eine Fertigungsnummer, die anzeigt, in welcher Produktionsreihe sie angefertigt wurde. Unterschiedliche Anfertigungsnummern können durch entsprechende Druckbedingungen Farbabweichungen oder Strukturunterschiede aufweisen. Diese Abweichungen können nach dem Tapezieren zum Vorschein kommen. Noch vor dem Öffnen der Tapetenrolle sollte daher auf die Anfertigungsnummer geachtet werden.

> **MERKE:**
>
> Die Beilagezettel und Rollenreste sollten erst <u>nach</u> Fertigstellung der reklamationsfreien Tapezierung und nach Abnahme durch den Kunden entsorgt werden.

> **MERKE:**
>
> Industriell hergestellte Wandbekleidungen durchlaufen während ihrer Produktion mehrere Qualitätskontrollen. Fehlerhafte Tapeten dürfen nicht verarbeitet werden. Das Kennzeichnen der Wandbekleidungen informiert über Herkunft, Eigenschaften und Verarbeitungshinweise und ist in der *DIN EN 233 Festlegung für fertige Papier-, Vinyl- und Kunststoffwandbekleidungen* festgelegt.[29]

29 Vgl.: DIN EN 233 S. 5

KONTROLLE DER FARB- UND MUSTERSTELLUNG

Bei einem Vergleich der Schnittkanten noch eingepackter Rollen können bereits größere Fehler entdeckt werden. Kleine Abweichungen dagegen lassen sich durch eine **Fächerprobe** erkennen. Für eine Prüfung der Farbtongleichheit werden alle Tapetenrollen einige Zentimeter ausgerollt und stufenartig mit Versatz auf den Tapeziertisch gelegt. Die Prüfung der **Seitengleichheit** gewährleistet ein gleichmäßiges Farb- und Musterbild. Dazu werden zwei Rollen einige Zentimeter aufgerollt, auf Stoß nebeneinander gelegt und die Farbtongleichheit der linken und rechten Seite der Tapetenrollen geprüft. Generell gilt es, auch während der Tapezierung darauf zu achten, dass die Tapetenrollen keinerlei Farb- und / oder Musterunterschiede aufweisen.

2.4.2

WERKZEUGE ZUM ZUSCHNEIDEN DER TAPETEN

BESCHNEIDELINEAL
· 60 cm Stahlschiene an
langem Griff
→ Abreißvorlage (im 90° Winkel
zur Tapetenkante legen;
Tapete im scharfen Winkel
ruckartig abreißen

CUTTERMESSER
· Abbrechklinge in Metallführung
→ Zuschneiden der Breite von
Tapetenbahnen mittels
Stahlschiene
→ feste Unterlage verwenden

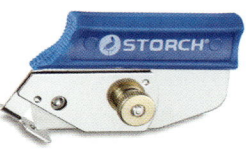

TAPEZIERSCHERE
· Zum Schneiden aller Tapetenarten
(Papiertapeten, Vliestapeten,
Textiltapeten, Granulattapeten etc.)

GLEITFUSSMESSER
· auswechselbare Klinge in
angewinkeltem Griff befestigt
→ zum Ausführen des Doppelschnittes

TAPETENSCHNEIDEGERÄT
· mechanische Vorrichtung
(meist am Kleistergerät) zum
Schneiden der Tapetenlänge
· Schneideschlitten mit auswechselbarem
Messer, das in einer Schneideführung
auf einem Stahllineal entlang gleitet;
Schnitttiefen variabel

2.4.3
TAPETEN ZUSCHNEIDEN

Zu einer optimalen Vorbereitung der Tapezierung gehört das richtige Zuschneiden der Tapete (mit oder ohne Rapport). Die Tapetenrollen werden nach der Qualitätsprüfung entsprechend der Wandhöhe mit einer Zugabe von 5 – 10 cm zugeschnitten. Die Zugabe dient dem Ausgleich eventueller Höhenunterschiede innerhalb der Wand und zur passgenauen Fixierung im Decken- und Bodenbereich. Bei Tapeten mit Rapport müssen die Zuschnitte an das Muster angepasst werden. Hierfür sind größere Zugaben nötig, die bei der Bedarfsberechnung berücksichtigt werden müssen. Es gibt verschiedene Ansatzsymbole für Tapeten mit Muster.[30]

30 Vgl.: DIN EN 235 S. 9

01 ANSATZFREIE MUSTERUNG

Die ansatzfreie Musterung ist die leichteste Durchführung, denn sie kann bahnenweise fortlaufend ohne Rücksicht auf einen Rapport zugeschnitten werden. Typische ansatzfreie Muster sind Vertikalstreifen, kleine Muster, einfarbige Tapeten, solche mit unregelmäßiger Feinstruktur oder Kettfaden-Textiltapeten.

02 GERADER ANSATZ

Bei dieser Art der Musterung wiederholt sich das Muster von Bahn zu Bahn im gleichen Abstand und auf der gleichen Höhe. Es sollte darauf geachtet werden, dass mit einem vollständigen Muster am oberen Ende der Wand begonnen wird und die Tapeten dementsprechend zugeschnitten werden. Die Bahnen sind identisch und liegen Muster an Muster. Es empfiehlt sich, die erste Bahn passend zuzuschneiden und alle weiteren Bahnen an diese anzupassen.

03 VERSETZTER ANSATZ

Anders als bei einem geraden Ansatz wird bei versetztem Ansatz das Muster in jeder folgenden Bahn um die Angabe des Rapports als Halb- oder ganzer Versatz positioniert. Die Rapporthöhe, also die Versetzung des Musters in Zentimeter, ist auf dem Beilagezettel mit dem entsprechendem Rapportsymbol vermerkt.

04 GESTÜRZTER ANSATZ

Die Tapetenbahnen werden im Wechsel umgekehrt verklebt. Die zweite Bahn wird jeweils um 180° gedreht. Durch dieses Vorgehen können Farbschattierungen ausgeglichen werden, da die gleichen Tapetenkanten aneinander stoßen. Dieses Verfahren sollte jedoch nicht bei Struktur-, Raufaser- oder Glasgewebetapeten erfolgen, da durch die Struktur eine unterschiedliche Lichtbrechung an der Wand erfolgen kann.

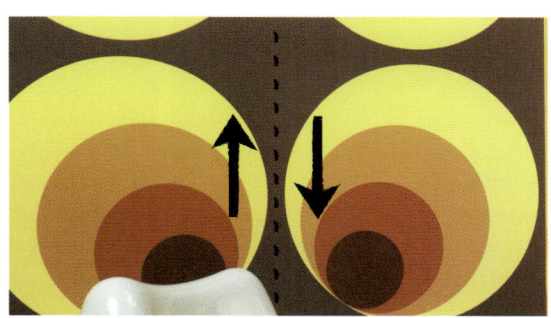

05 HORIZONTALER ANSATZ

Bahnen mit diesem Zeichen werden waagerecht tapeziert.

2.4.4
ÜBERBLICK
TAPETENSYMBOLE

Tapeteneigenschaften sind mit Symbolen nach der *DIN EN 235* auf den Beilagezetteln gekennzeichnet. Anhand dieser Symbole sind Eigenschaften, Verarbeitung und Qualität der Tapete leicht erkennbar.

In den von den Herstellern herausgegebenen technischen Merkblättern werden zusätzlich Angaben über Inhaltsstoffe, Anwendungsbereiche, Verarbeitungshinweise oder Qualitätsmerkmale gemacht.

MERKE:

www.as-creation.de/service/
tapetenberatung-und-verarbeitung/
tapetensymbole.html

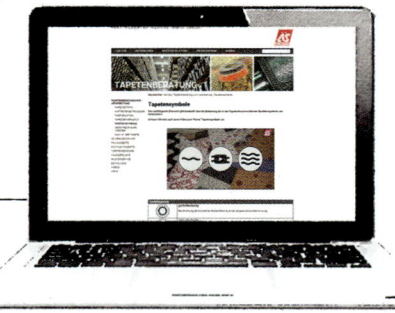

WASCHBESTÄNDIGKEIT

 A

 B

 C

 D

 E

A	B	C	D	E
wasserbeständig, feuchte Kleisterflecken mit Schwamm **gut abwischbar**	waschbeständig, **leichte Verschmutzungen** mit weichem Tuch/Schwamm **entfernbar** (außer Öl-/Fettflecke)	hoch waschbeständig, Verschmutzungen mit **Seifenlauge** und Schwamm entfernbar (außer Öl-/Fettflecke)	scheuerbeständig, Verschmutzungen/wasserlösliche Flecken mit mildem **Scheuermittel** und Schwamm/weicher Bürste entfernbar	hoch scheuerbeständig, Verschmutzungen/wasserlösliche Flecken durch **intensive Behandlung** mit Schwamm/Bürste entfernbar, **Öl-/Fettflecke** unmittelbar entfernbar

LICHTBESTÄNDIGKEIT

 3

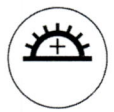 4

 5

 6

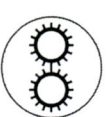 7

3	4	5	6	7
ausreichend, Lichtechtheitswert 3 (**mäßig**)	befriedigend, Lichtechtheitswert 4 (**ziemlich gut**)	gut, Lichtechtheitswert 5 (**gut**)	sehr gut, Lichtechtheitswert 6 (**sehr gut**)	ausgezeichnet, Lichtechtheitswert 7 (**vorzüglich**)

MUSTERANSATZ

ansatzfrei, Tapezierung **ohne Rücksicht** auf Muster	gerader Ansatz, **Muster** aufeinander stoßender Bahnen auf **gleicher Höhe, keine Verschiebung** der Längsrichtung	versetzter Ansatz, **Muster** auf **versch. Höhe**, Verschiebung der Längsrichtung um **angegebenen Versatz**	gestürztes Kleben, Tapezierung benachbarter Bahnen in **umgekehrter Richtung**	horizontaler Ansatz, Tapezierung erfolgt **horizontal**

ENTFERNUNG

restlos abziehbar, Tapete rückstandslos entfernbar	spaltbar, Oberschicht rückstandslos entfernbar, Unterschicht bleibt als Makulatur	nass zu entfernen, Tapete mit Wasser/ Ablösemittel/Wasserdampf einweichen und abspachteln

SONSTIGES

Überlappung mit Doppelschnitt, **überlappend verklebt**, **Schnitt** im Überlappungsbereich (Bahnen nahtlos auf Stoß)	duplierte Prägewandbekleidung, Tapete aus **zwei Papierschichten,** Prägung bleibt nach Tapezierung erhalten	Stoßfestigkeit, hält Stößen von 1 Joule Energie stand (ohne Oberfläche zu beschädigen)

VERARBEITUNG

Klebstoff auf Wandbekleidung, **Kleistertechnik**	Klebstoff auf Untergrund, **Wandklebetechnik**	vorgekleisterte Wandbekleidung, **Tapetenrückseite mit Klebstoff** beschichtet, Klebstoffaktivierung mit Wasser

2.5
VORGANG DES TAPEZIERENS

2.5.1
RUND UM DEN KLEISTER

TABELLE 6: MISCHVERHÄLTNISSE EINER KLEISTERPACKUNG FÜR PAPIERTAPETEN

ANWENDUNG	ANSATZ	PACKUNGSINHALT PRO LITER WASSER	REICHWEITE IN QUADRATMETERN	REICHWEITE IN ROLLEN
Vorkleistern	80	10	100	/
leichte Papiertapeten	70	8 ¾	50	10
normale Papiertapeten	60	7 ½	40	8
schwere Papiertapeten	50	6¼	30	6
Spezialtapeten	/	*Herstellerangaben beachten	/	/

Ein Kleister kann je nach Ansatzverhältnis für verschiedene Tapeten angerührt werden. Die Klebemittel sind entsprechend ihrer Eigenschaften genormt und kategorisiert. Es gilt jedoch zu beachten, was der Hersteller für sein Produkt empfiehlt.

Mischverhältnisse von Kleister und Wasser:

1 (Kleisterpackung) : 60 (entspricht 7,5 l Wasser)

MERKE:

Je schwerer und saugfähiger die Tapete, desto wasserärmer muss der Kleister angerührt werden.

STEP 1

STEP 2

ANSETZEN DES KLEISTERS

Der pulverförmige Tapetenkleister sollte in einem **großen, sauberen Kunststoffeimer** gleichmäßig angerührt werden. Die Klebemittel im Kleister müssen chemisch neutral, transparent und geruchsneutral sein. Das Ansetzen sollte immer mit **kaltem Wasser** erfolgen, da warmes Wasser die Cellulose im Kleister nicht aufschließt.

Zuerst wird nur das Wasser verrührt, dann wird das Pulver **zügig** mittig in das Wasserbad gerieselt und gleichmäßig verrührt. Das Verrühren sollte nicht mit einem Pinsel erfolgen. Nach einer gewissen **Ansatzzeit** (meist ca. 20 Minuten) sollte die Mischung nochmals umgerührt werden, anschließend ist der Kleister gebrauchsfertig. Beim Trocknen verdunstet der im Kleister enthaltene Wasseranteil.

STEP 3

STEP 4

MERKE:

Für kleinere Arbeiten und zur besseren Dosierung gibt es Kleistertabs. Eine angebrochene Packung Kleisterpulver sollte nicht aufbewahrt werden, da sich die Inhaltsstoffe entmischen können. Instantpulver benötigt keine Ansatzzeit.

STEP 5

**SYMBOLKENNZEICHNUNG/
ANWENDUNGSBEREICHE VON KLEBSTOFFEN**

31 Vgl.:
BFS Merkblatt
Nr. 16
S. 31 f. Die Klebstoffe sind auf die Eigenschaften der Wand-
beläge angepasst und variieren in ihrem
Ansatzverhältnis und ihren Inhaltsstoffen.[31]

TABELLE 7: SYMBOLKENNZEICHNUNG DER KLEBSTOFFE

KATEGORIE	SYMBOL	BESCHREIBUNG	WASSERANTEIL/ ANSATZVERHÄLTNIS
Normalkleister		viel Wasser, wenig Festkörper	1 : 50 1 : 60 1 : 70
Spezial-/Vlieskleister		mittlerer Festkörpergehalt	1 : 20 oder vergleichbar
wasserarmer Spezial-/Vlieskleister		wasserarm, hoher Festkörpergehalt	1 : 10 oder vergleichbar
Dispersionsklebstoff		Glasgewebeklebstoff	fertiger Dispersionsklebstoff
		Wandbelagsklebstoff, wasserarm	
Spezialkleister mit Klebkraftverstärker		Mischung	1 : 20 + 20 % fertiger Wandbelagsklebstoff, wasserarm

TABELLE 8: GEEIGNETE KLEBSTOFFE FÜR WANDBEKLEIDUNGEN

WANDBELAGSART/ KLEISTERTYP	NORMALKLEISTER	SPEZIALKLEISTER VLIESKLEISTER	SPEZIALKLEISTER + 20 % DISPERSION	WASSERARMER VLIES- UND SPEZIALKLEISTER	DISPERSIONS- KLEBSTOFF
ANSATZVERHÄLTNIS	1:50 ODER 1:60 ODER 1:70	1:20 ODER VERGLEICHBAR	1:20 ODER VERGLEICHBAR +20%	1:10 ODER VERGLEICHBAR	PUR
fertige Papierwandbekleidung, simplex, formstabil, Nasspräge bis 120 g *(DIN EN 233)*	●	●			
fertige Papierwandbekleidung, duplex *(DIN EN 233)*		●			
Wandbekleidung für nachträgliche Behandlung mit Papierträger z.B. mit vinyler Oberschicht *(DIN EN 233)*		●		●	
fertige Wandbekleidung, spaltbar mit Papierträger, z.B. mit vinyler Oberschicht *(DIN EN 233)*			●	●	
fertige Wandbekleidung mit glattem Vliesträger, trocken abziehbar, z.B. mit vinyler Oberschicht *(DIN EN 233)*		●			
Wandbekleidung für nachträgliche Behandlung, mit glattem Vliesträger, trocken abziehbar *(DIN EN 234)* oder nass zu entfernen		●		●	
Wandbekleidung für nachträgliche Behandlung aus glattem oder geprägtem Vlies *(DIN EN 234)*				●	
Wandbekleidung für nachträgliche Behandlung: Glasgewebe				●	●
spezielle fertige Wandbekleidungen, die eine wasserarme Kleisterverklebung erfordern				●	
spezielle Wandbekleidungen, die eine besonders wasserarme direkte Verklebung benötigen, z.B. fertige gewebekaschierte vinyle Objektwandbekleidungen					●

2.5.2
KLEBE-TECHNIKEN

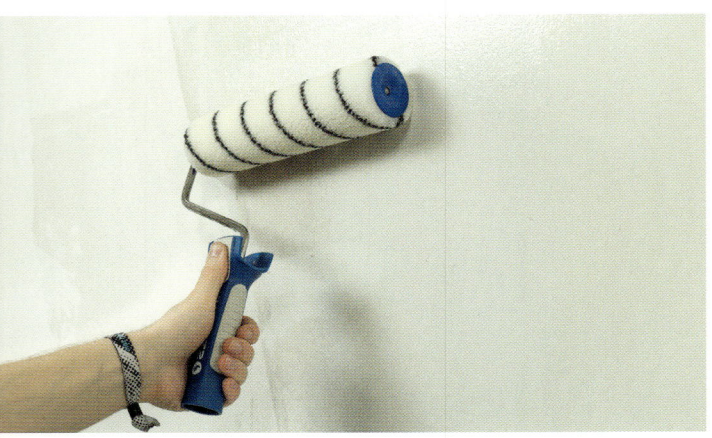

WANDKLEBETECHNIK
Tapeten, die sich nach Feuchtigkeitsaufnahme durch den Kleister nicht ausdehnen, müssen nicht vorgekleistert werden. Dazu gehören beispielsweise Vliestapeten und verschiedene Gewebetapeten. Diese können in der Wandklebetechnik verarbeitet werden. Hierzu wird der Kleber gleichmäßig mit einer **Kleisterwalze auf den Untergrund** aufgetragen. Die Tapete wird in den noch feuchten Kleber trocken eingelegt.

KLEISTERTECHNIK
Bei der Kleistertechnik wird die Tapete auf der Rückseite eingekleistert, um sie nach einer Einweichzeit, an die Wand zu kleben. Durch das Einweichen dehnt sich die Tapete aus. So wird verhindert, dass nach dem Aufkleben ungewollte Falten oder Blasen entstehen. Die Weichzeit beträgt 5 – 10 Minuten und hängt von der Dicke und Qualität der Tapete sowie davon ab, wie schnell tapeziert wird.

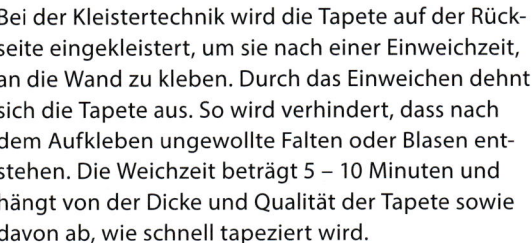

EINKLEISTERN MIT DER DECKENBÜRSTE

Beim **manuellen Einkleistern mit der Deckenbürste** sollte der Kleber gleichmäßig und ganzflächig auf die Tapetenbahnen aufgetragen werden. Es gilt, dicken Kleister lieber dünn aufzutragen, statt dünnen Kleister zu dick. Der Kleister sollte nicht aus den Nähten quillen. Zu dünner Kleister macht die Tapeten an der Wand unverschiebbar. Eine nachträgliche Verschiebung der Tapetenbahn an der Wand kann jedoch für einen guten Nahtanschluss wichtig sein. Zudem können sich Nähte nach dem Trocknen durch Spannungen und zu wenig Kleber öffnen. Klumpenhaltiger oder schlecht aufgequollener Kleister hat eine geringere Klebekraft, ebenso können Kleisternester entstehen. Bei Tapetenbahnen mit Rapport empfiehlt es sich, die eingekleisterten Bahnen der Reihe nach abzulegen oder diese zu nummerieren.[32]

32 Vgl.: Steinbrecher/ Wahl; S. 50 f.

STEP 1

STEP 2

STEP 3

STEP 4

STEP 1
· Bahnen müssen mit der Tischkante abschließen

STEP 2
· eine Hälfte im Wechselschlag einkleistern
  (von der Mitte über den Rand hinaus)
· Bahn an der vorderen Kante umlegen und
  die restliche Hälfte einkleistern

STEP 3
· obere Deckenseite der Tapete wird um 2/3
  umgeschlagen, die Bodenseite um 1/3
· scharfe Knicke vermeiden
· bei dünnen Tapeten Bahnkanten ca. 3 cm
  umklappen, um einem Einreißen im Decken-
  und Fußleistenbereich vorzubeugen

STEP 4
· alle Kanten müssen übereinander liegen
· vorsichtig einrollen
· Einweichzeit abwarten

MERKE:

Um die richtige Einweichzeit zu erkennen, drückt man die Kanten der eingerollten Bahnen zusammen. Wenn sich die Kanten beim Loslassen wieder öffnen, reicht die Einweichzeit noch nicht aus. Kleben sie jedoch zusammen, können sie verarbeitet werden.

2.5.3
EINKLEISTERN MIT EINEM KLEISTERGERÄT

EINSATZ

Das maschinelle Einkleistern gehört mittlerweile zur üblichen Vorgehensweise bei der professionellen Tapezierung. Mithilfe eines **Kleistergeräts** wird nicht nur eine höhere Arbeitsgeschwindigkeit bei gleichbleibender Verarbeitungsqualität erreicht, es werden auch mehrere Arbeitsschritte vereint. Darüber hinaus ist der Einsatz eines Kleistergeräts sauberer, weil überschüssiger Kleister im Gerät verbleibt.

In der Kleisterwanne wird die benötigte Menge an Kleister eingefüllt. Durch Einstellen der seitlichen Lagerschalen der Kleisterwalze kann die gewünschte Auftragsstärke reguliert werden.

Die Walze läuft durch die gefüllte Wanne und nimmt über die spezielle Rillenstruktur den Kleister auf. Anschließend gibt die Walze den Kleister an die Tapetenunterseite ab. Die Tapete selbst wird mithilfe von Gegendruckrollen in die Kontur der Kleisterwalze gedrückt, wodurch ein gleichmäßiger Kleisterauftrag auf der gesamten Breite erreicht wird.

ANWENDUNG

Ein Kleistergerät wird üblicherweise auf einem Untergestell platziert und an einen Tapezier- oder Maschinentisch gestellt, um die Bahnen der Länge nach einlegen zu können.

EXKURS:

Weitere Informationen über Werkzeuge rund um das Tapezieren erhalten Sie unter:

www.storch.de

Durch Umklappen der beiden vorderen Ecken wird eine kleisterfreie Handhabung gewährleistet. Die gewünschte Bahnlänge wird über einen Meterzähler abgelesen und mit einem Rollmesser abgelängt. Die nach dem Schneiden zurückfallende Tapete wird von Tapetenabhebern aufgefangen, sodass sie nicht mit Kleister verunreinigt wird.

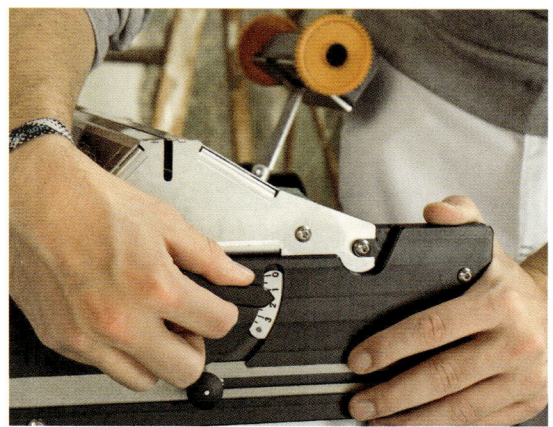

Nach Abschluss der Arbeiten wird der Kleister über einen Ablaufstutzen abgelassen. Verbleibender Kleister wird abschließend mit einem speziellen Rakel herausgeschoben. Die Kleisterwalze wird aus den Lagerschalen herausgeklickt und mit reichlich Wasser abgespült.

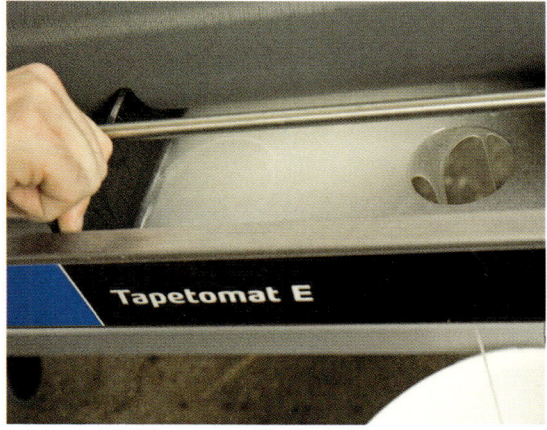

EXPERTENTIPP:

In beengten Räumen wird ein Maschinentisch genutzt. Mittels Faltentechnik werden beliebig lange Tapetenbahnen zusammengelegt, ohne dass Kleister auf die Tapetenoberseite kommt. Um eine Tapetenbahn in Randbereichen, z.B. an Rändern, Türen oder Fenstern anzubringen, muss diese in der Regel längs beschnitten werden. Hierzu wird die eingekleisterte, zusammengefaltete Tapetenbahn auf dem Maschinentisch mithilfe des Anschlags auf der aufgedruckten Skala ausgerichtet und mit einem Cuttermesser durch die mittige Schneidehilfe zugeschnitten.

2.5.4
WERKZEUGE ZUM KLEISTERAUFTRAG

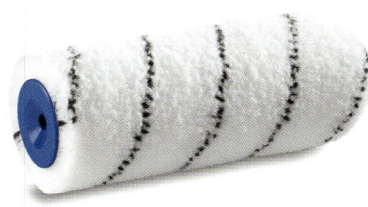

KLEISTERWALZE
· Rolle mit Perlonbezug auf Metallbügel
→ zum Auftrag des Klebstoffes
   an der Wand

KLEISTERGERÄT
· Auftragswalzen bringen Kleister (in Wanne)
  gleichmäßig auf Tapetenrückseite,
  Auftragsstärke variabel
→ gleichmäßiges, sauberes Einkleistern
→ Zuschneiden möglich
→ elektrischer Antrieb mit Fußgestell,
   Zählwerk zum Anzeigen der Länge
   der eingekleisterten Tapeten, Kreismesser
   mit/ohne Führungsschlitten (vereinfacht
   sauberes Abtrennen), mit angebautem
   Tapeziertisch erhältlich, Reinigungsschieber
   zum Säubern der Kleisterwanne

DECKENBÜRSTE
· synthetische Fasern in Brett
  verleimt (abschraubbarer Griff)
→ Anfeuchten alter Tapeten mit
   Wasser und Tapetenkleister
→ synthetische Fasern: Tiefgrundauftrag
→ synthetische Fasern mit Roßhaar: Kleistern

ZAHNSPACHTEL
· unterschiedlich gezahntes
  Stahlblech mit Griff
→ Klebstoffauftrag an der Wand
→ Klebstoffverbrauch variabel
   (unterschiedliche Zahnung)

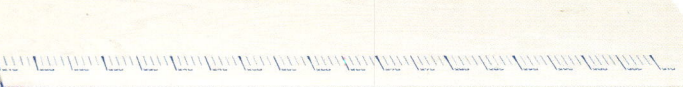

TAPEZIERTISCH
· klappbarer, stabiler Holztisch (versch. Breiten/
  Längen) mit Holz-/Stahlrohrgestell
→ feste Unterlage zum Zuschneiden/Einkleistern
   von Tapeten

2.5.5
TAPEZIER-REGELN

Um eine professionelle Tapezierung durchführen zu können, sollte eine **Raumtemperatur** von ca. 18 – 20 °C und eine relative **Luftfeuchte** von 30 – 60 % vorherrschen. Bei niedrigeren Temperaturen ist die Verarbeitung von kunststoffbeschichteten Tapeten besonders ungünstig. Durch ein späteres Aufwärmen der Wände ist mit einer Ausdehnung der Tapeten zu rechnen. Auch hier gilt es, die Angaben des Herstellers zu beachten. Des Weiteren ist darauf zu achten, dass der Strom abgestellt ist und erst anschließend die Schalter und Steckdosen abgeschraubt werden.

> **MERKE:**
>
> Vor dem Tapezieren muss der Strom abgestellt werden.

Die ersten Tapetenbahnen liegen der Reihe nach auf dem Tapeziertisch und haben ihre Einweichzeit erreicht. Bevor mit dem Tapezieren begonnen werden kann, müssen noch einige Dinge beachtet werden. Für die erste Bahn sollte deren Breite an der Wand markiert und diese ausgelotet werden. Das heißt, dass durch das herunterhängende, schwere Metallstück des Senklots ein gerader Ansatz an die Wand gezeichnet wird. Mittlerweile gibt es zum Ausloten technische **Laserwasserwaagen**, die punktgenau eine gerade, lotrechte Seitenangabe an die Wand projizieren. Das Ausloten muss nicht nach jeder Bahn erfolgen, sollte aber einige Male wiederholt werden. Auch mithilfe einer Schlagschnur kann eine beliebig gerade Linie an die Wand oder Decke übertragen werden.

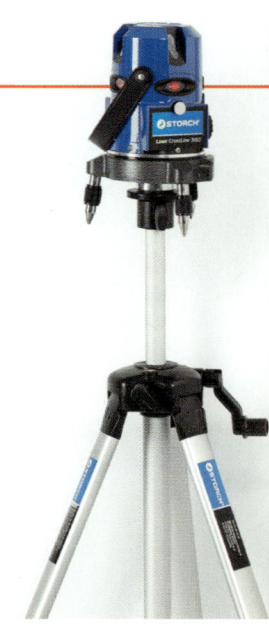

Kleisterreste müssen wegen der Rutschgefahr weggewischt werden. Zu starkes Heizen oder Zugluft sollten vermieden werden. Regelmäßiges Lüften dagegen ist wichtig für die nötige Konzentration und das Raumklima!

> **MERKE:**
>
> Auf eine regelmäßige Durchlüftung des Raumes achten!

2.5.6
WERKZEUGE ZUM AUSRICHTEN/ANDRÜCKEN

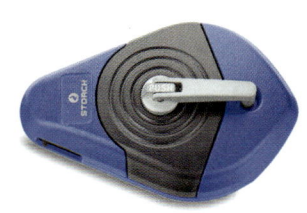

SCHLAGSCHNUR
· in Kunststoffgehäuse aufgewickelte
  Schnur, die mit Kreidepulver versehen ist
→ Hilfsmittel, um längere, gerade Linien
  anzuzeichnen, straff gespannte Schnur
  gegen die Wand/Decke schnipsen lassen,
  Kreide hinterlässt Spur an der Oberfläche

SENKLOT
· spitzförmiges Metallteil an einer Schnur
→ zum senkrechten Ausrichten der
  Tapetenbahnen

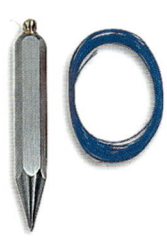

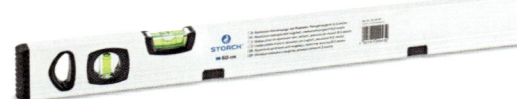

WASSERWAAGE
→ zum senkrechten und waagerechten
  Ausrichten von Tapetenbahnen und Bordüren

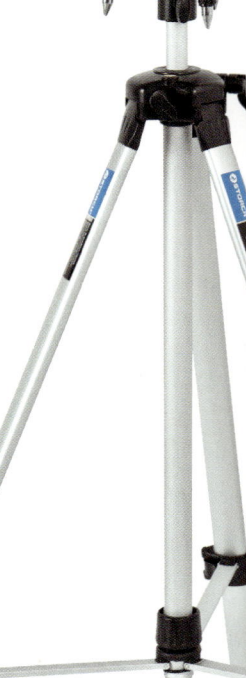

KREUZLINIEN-LASER
· Messwerkzeug mit horizontalen,
  vertikalen oder diagonalen Laserlinien
  sowie Punktlaser, zum Befestigen
  auf der Wand oder mit Standfuß
→ ein genaues, lotrechtes Abmessen
  der Wände, durch individuelle
  Befestigung an der Wand flexibel
  einsetzbar

GLIEDERMASSSTAB
· zusammenklappbares Messgerät
  aus Holz/Kunststoff
→ zum Nachmessen von
  Tapetenbreite und Wandflächen

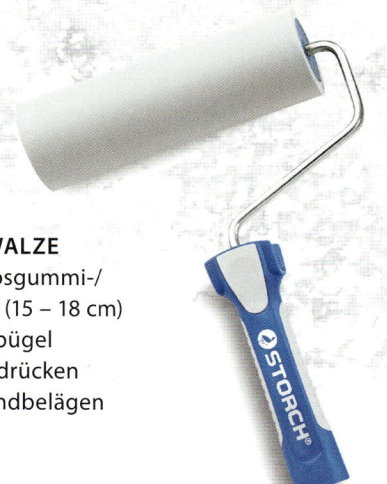

TAPEZIERWALZE
· breite Moosgummi-/
  PVC-Walze (15 – 18 cm)
  auf Metallbügel
→ zum Andrücken
  von Wandbelägen

AMERIKANISCHE TAPEZIERBÜRSTE
· echtes Roß-/Kunststoffhaar in einem Holzbrett
  befestigt, schmal und hoch
→ zum schonenden Andrücken empfindlicher
  Tapeten (Velourstapeten, Prägetapeten) nach
  der Fixierung an der Wand

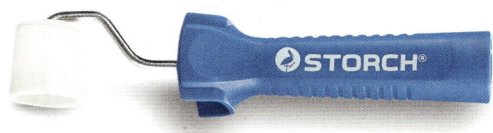

NAHTROLLER – KONISCH
· konische Walze (3 – 5 cm) aus
  weichem Gummi (auf Metallbügel)
→ zum Andrücken der Tapetennaht (nicht bei
  Relief- oder Prägetapeten verwenden!)

TAPEZIERBÜRSTE
· echtes Roßhaar in einem Holzbrett
  befestigt, mit seitlich ausladenden Haaren
→ zum Andrücken der Tapeten nach der
  Fixierung an der Wand

NATURSCHWAMM
→ zum schnellen
  Entfernen von Kleisterresten

TAPEZIERSPACHTEL
· Kunststoffspachtel (unterschiedlicher
  Form) mit abgerundeten Ecken
→ zum Andrücken strapazierfähiger
  Tapeten mit glatter Oberfläche
  (Vliestapete etc.)
→ zum Wandschnitt an Türen / Fußleisten

2.5.7
TAPEZIEREN VON WÄNDEN/ECKEN/NISCHEN/DECKEN

WÄNDE

01

Die Bahn wird über den angewinkelten Arm gelegt, sodass die längere, eingeschlagene 2/3-Tapetenbahn auf der Leiter gut auseinander geklappt werden kann. Das obere Ende wird entlang der Markierung an die Wand angebracht. Die Oberfläche wird leicht angedrückt. Die um 3 cm umgeschlagene Oberkante verhindert, dass an der Decke Kleisterreste zurückbleiben. Die 2/3-Tapetenbahn wird von oben ausgehend fest angedrückt.

02

Dann erfolgt das Abziehen der 1/3-Tapetenbahn und ebenfalls ein leichtes Andrücken. Die gesamte Bahn wird mit einem Andrückwerkzeug, je nach Wandbekleidungsart (s. Tabelle 9 S. 55: Andrückwerkzeuge für jede Wandbekleidung) fixiert. Das Andrücken erfolgt immer von oben nach unten und zu den Seiten hin. Dabei werden eventuelle Luftblasen herausgestrichen. Es dürfen keine Knicke oder Falten entstehen, da diese nach der Trocknung zurückbleiben. Wenn Kleister an den Seiten herausquillt, sollte dieser mit einem feuchten Tuch entfernt werden.

03

Mit dem richtigen Kleisterauftrag (s. S. 42) kann die Tapete an der Wand an den Stoß gedrückt werden. Wenn dies nicht möglich ist, muss die Tapetenbahn von Neuem angelegt werden. Um die Stoßnähte einander anzupassen, werden sie mit einem konischen Nahtroller bearbeitet. Durch das feste Andrücken wird verhindert, dass die Nähte durch die bei der Trocknung entstehende Spannung wieder aufplatzen. Der Nahtroller darf bei Prägetapeten nicht verwendet werden, da die Prägung sonst flachgedrückt wird. Empfindliche Tapeten sollten stets mit einer weichen Tapezierbürste angedrückt werden.

04

Die überstehenden Tapetenbahnen im Decken- und Bodenbereich müssen nun passgenau beschnitten werden. Dafür gibt es mehrere Schneidehilfen. Ein nützliches Schneidehilfsmittel ist der Tapezierspachtel. Alle gängigen Untergründe, sowie Holz- und Gipskartonuntergründe können fixiert und mittels Cuttermesser zugeschnitten werden. Für eine saubere und gerade Schnittkante können Tapetenreste mit dem Tapetenabreißer und einem Cutter zugeschnitten werden. Die Dreikantschiene ist ein weiteres Schneidehilfsmittel. Diese wird in die Ecke gelegt und die überstehenden Tapetenreste können an der abgewinkelten Schiene abgeschnitten werden. Somit wird ein Verschmutzen der Decke mit Kleister verhindert.

STEP 1

STEP 2

TABELLE 9: ANDRÜCKWERKZEUGE FÜR JEDE WANDBEKLEIDUNG

ANDRÜCKWERKZEUG	WANDBEKLEIDUNGSART
Tapezierbürste	Papiertapete, Raufaser
amerikanische Tapezierbürste	Prägestrukturtapete, Duplex-Prägetapete, Prägestrukturvlies
Tapezierwalze	Vinyltapete, Metalltapete, Kunststofftapete, Textilgewebetapete, Strukturtapete
Tapezierspachtel	Glattvinyltapete, Kettfaden-Textiltapete, Glasgewebe
sauberes, weiches Flanelltuch	empfindliche Tapetenoberflächen (z.B. Metalltapete)

Damit sich die Musterung im Raum besser verteilt, wird bei großen Mustern von der Mitte aus angefangen zu tapezieren. Die zuvor von den Schutzdeckeln entfernten Steckdosen und Schalter werden übertapeziert. Die Tapete wird kreuzförmig eingeschnitten und von Kleisterresten befreit. Nach der Trocknung erfolgt ein sauberer Schnitt entlang der Schaltervorrichtung mit einem Cuttermesser. Auch die Deckel der Verteilerdosen werden übertapeziert.

STEP 3

STEP 4

MERKE:

Die Tapetenrollen sind nach der Einweichzeit besonders empfindlich, daher gilt es, die Bahnen richtig zu halten.

ECKEN

Innenecken dürfen nicht mit einer ganzen Bahn übertapeziert werden. Beim Trocknen könnten Luftblasen und Falten entstehen. Deswegen wird die Bahn 1 bis 2 cm um die Ecke gelegt und dann zugeschnitten und verklebt. Anschließend wird der Rest der Bahn lotrecht angefügt. Die Überlappung sollte mehrere Male eingeschnitten und gut mit dem Kanten-Winkel-Andrückroller angedrückt werden. Bei Tapeten ohne Musterrapport stellt die Eckverklebung kein Problem dar. Schwieriger wird die Verarbeitung bei Mustertapeten mit Rapport und ungeraden Wänden. Einerseits muss die Bahn dann ausgelotet werden, andererseits ist die Ecke u. U. schief und der Ansatz der Bahn muss ausgeglichen werden. Fortlaufend ist dieser Ausgleich nur an drei Ecken möglich. Die vierte Ecke bildet den schiefen Abschluss und sollte daher am unauffälligsten sein.[33]

33 Vgl.:
Steinbrecher/
Wahl; S. 57

> **MERKE:**
>
> Bei dünnen Papiertapeten können durch Zuschnitt der überstehenden Streifen mit dem Cuttermesser Fasern der Tapete einreißen. Für das Schneiden solcher Tapeten eignet sich eine Tapezierschere besser.

FENSTERNISCHEN

In den Ecken der Laibungen sollte die Tapete horizontal eingeschnitten werden, um auch die Fläche für die Tiefen umklappen zu können. Oberhalb des Fensters kann rapportgetreu weiter tapeziert werden. Die Naht der übereinander liegenden Tapeten über der Nischenecke wird mittels eines Gleitfußmessers oder eines einfachen Cuttermessers zugeschnitten. Das untere, überlappende Tapetenstück wird entfernt. Durch den Doppelschnitt ist eine Stoßverbindung entstanden. Oberhalb des Fensters kann nun mit Zugabe der Fensterlaibung weiter tapeziert werden.

TÜRRAHMEN

Die Tür wird von einer Seite tapeziert. Zum Türrahmen wird passend zugeschnitten. Über der Tür wird mit Resttapetenbahnen rapportgetreu weiter tapeziert. Die nächste Bahn wird innerhalb der Türöffnung grob zugeschnitten. Das genaue Abschneiden der Tapetenreste am Türrahmen erfolgt nach der Tapezierung mit dem Cuttermesser.

DACHSCHRÄGEN

Dachbahnen werden mit der vollen Bahn an der vorderen Kante tapeziert. In dem Bereich, in dem die schräge Wand auf die Drempelwand trifft, erfolgt nach Überlappung ein Doppelnahtschnitt mit der Metallschiene. So wird sichergestellt, dass die Tapete durch Untergrundbewegungen später keine Falten schlägt.

RUNDBÖGEN

Es gibt zwei verschiedene Varianten für das Tapezieren von Rundbögen. Die Herkömmliche wird vorwiegend bei Papiertapeten eingesetzt. Bei der Rundung erfolgt ein Zuschnitt plus wenige Zentimeter zur Überlappung. Die Überstände werden in regelmäßigem Abstand eingeschnitten anschließend in den Rundbogen eingeklappt und angedrückt. Dann wird eine genau auf die Breite des Rundbogens zugeschnittene Bahn tapeziert. Bei allen anderen Tapetenarten werden mittlerweile hauptsächlich Profilleisten zur Verarbeitung genutzt, die ein sauberes Ergebnis ermöglichen.

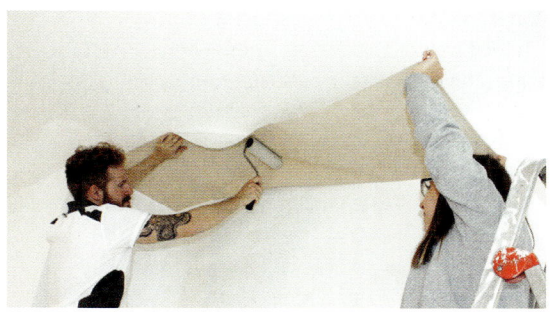

DECKEN

Das Tapezieren im Deckenbereich ähnelt technisch dem Tapezieren an den Wänden. Allerdings müssen die Tapetenbahnen an der Decke größere Anhangskräfte besitzen. Deswegen sollte der Kleister dicker angesetzt werden. Die Tapeten sollten nicht zu lange einweichen, da sie sonst schneller einreißen können.

2.5.8
SPEZIELLE TAPETENVERARBEITUNG

Das technische Vorgehen beim Tapezieren ist fast immer identisch. Jede Tapetenart hat aber verschiedene Eigenschaften, die sich auf die Verarbeitung auswirken. Folgende Kriterien sind bei allen Tapeten zu beachten:

· die eingeweichten Tapetenbahnen dürfen **nicht geknickt** werden

· die **Weichzeit** sollte bei allen Bahnen gleich sein

· die **Herstellerangaben** haben oberste Priorität

· sofern nicht anders angegeben, werden Tapeten **auf Stoß geklebt**

· Klebereste sollten zügig mit einem feuchten Schwamm **entfernt** werden.

Je nach Tapetenart unterscheiden sich Einkleistern von Wand oder Tapeten, Weichzeiten der Tapetenbahnen, Ausführung der Eckverbindungen oder zu verwendende Andrückwerkzeuge. [34]

34 Vgl.: Steinbrecher/ Wahl; S. 63 ff.

RAUFASERTAPETE

BESTANDTEILE	90 % Recyclingpapier
VERKLEBUNG	Kleistertechnik
WEICHZEIT	10–15 Minuten
WERKZEUGE	Tapezierbürste, Tapezierrolle, Nahtroller
WEITERES	muss überstrichen werden!

TEXTILTAPETEN

BESTANDTEILE	Kettfäden aus Jute, Leinen, Baumwolle etc. oder synthetischen Fasern
VERKLEBUNG	Herstellerangaben beachten!
WEICHZEIT	Herstellerangaben beachten!
WERKZEUGE	Tapezierrolle, Beschneidelineal, Cuttermesser
WEITERES	Eckverbindung, 2–3 cm überlappend, Profilleisten in Eckverbindungen verhindern ein Aufreißen der Kettfäden

VLIESTAPETEN

BESTANDTEILE	Zellstoff, Polyesterfasern
VERKLEBUNG	Wandklebetechnik, Kleistertechnik
WEICHZEIT	Herstellerangaben beachten!
WERKZEUGE	Tapezierrolle
WEITERES	Doppelnahtschnitt bei 4–6 cm Überlappung, Rissüberbrückung, vielfältige Oberflächen

NATURWERKSTOFFTAPETEN

BESTANDTEILE	z.B. Gräser, Korkschichten, Holz, Steine
VERKLEBUNG	in Abhängigkeit vom Trägermaterial (Herstellerangaben beachten)
WEICHZEIT	Herstellerangaben beachten!
WERKZEUGE	Tapezierrolle, Nahtroller
WEITERES	Herstellerangaben beachten!

PRÄGETAPETEN

BESTANDTEILE	Papier bzw. Papier-/Vlieslagen
VERKLEBUNG	Kleistertechnik
WEICHZEIT	Herstellerangaben beachten!
WERKZEUGE	amerikanische Tapezierbürste
WEITERES	Prägeverlust bei zu langer Weichzeit!

STRUKTURPROFILTAPETEN

BESTANDTEILE	aufgeschäumte, dreidimensionale Muster auf Kunststoffbasis
VERKLEBUNG	Kleister- oder Wandklebetechnik in Abhängigkeit vom Trägermaterial (Herstellerangaben beachten)
WEICHZEIT	Herstellerangaben beachten!
WERKZEUGE	Tapezierrolle
WEITERES	je nach Trägermaterial spaltbar oder restlos trocken abziehbar, hoch waschbeständig, Eckverbindungen 5–7 cm überlappend, darauffolgende Bahn an Ecke ansetzen, Schnitt ca. 3 cm von Ecke entfernt, Außeneckprofilleisten bei Musterung

GLASGEWEBETAPETEN

BESTANDTEILE	gekreuzte/gewebte synthetische Fasern
VERKLEBUNG	Wandklebetechnik, gebrauchsfertiger Dispersionsklebstoff
WEICHZEIT	Herstellerangaben beachten!
WERKZEUGE	Tapezierrolle, Kunststoffspachtel
WEITERES	sehr robust, formstabil, rissüberbrückend, schwer entflammbar (nach DIN EN 13501)

VINYLTAPETEN

BESTANDTEILE	Trägermaterial + Vinylbeschichtung
VERKLEBUNG	Kleister- oder Wandklebetechnik in Abhängigkeit vom Trägermaterial (Herstellerangaben beachten)
WEICHZEIT	Herstellerangaben beachten!
WERKZEUGE	Tapezierrolle
WEITERES	sehr strapazierfähig, je nach Trägermaterial spaltbar oder restlos trocken abziehbar, wassersperrend, Außen-, Innenecken/Fensternischen: 2–3 cm langen Überstand mit Dispersionskleber versehen, Eckprofilleisten

METALLTAPETEN

BESTANDTEILE	Trägermaterial + Aluminiumfolie + Dispersionslasuren / metallische Effektpartikel / metallisch bedampfte Kunststofffolie (meist PE)
VERKLEBUNG	Wandklebetechnik, unverdünnter Dispersionskleber (+ ggf. Spezialkleister)
WEICHZEIT	Entfällt!
WERKZEUGE	Tapezierspachtel (in Tuch gewickelt)
WEITERES	wasserdampfundurchlässig, leitfähig, Eckverbindung 6–8 cm, Abspülen + Nachtrocknen mit Lederlappen

2.5.9
TAPEZIER-FEHLER

Eine kurze Zeit abgelenkt und schon ist es passiert: Ein Knick in der Tapete, das falsche Andrückwerkzeug zur Hand genommen oder Kleisterreste auf der Tapete. Fehler sind menschlich.

Manchmal fordern Tapezierfehler jedoch ungeahnt aufwändige Sanierungsmaßnahmen. Damit diese Fehler verhindert werden, ist es wichtig sie zu kennen.[35]

35 Vgl.: Steinbrecher/ Wahl; S. 124 ff.

TABELLE 10: TAPEZIERFEHLER

REKLAMATION	URSACHE	MASSNAHME
ALLE TAPETEN		
· Farbabweichungen	· verschiedene Anfertigungen verarbeitet	→ Anfertigungsnummer beachten
· Schattierungen	· nicht gestürzt tapeziert, obwohl Hersteller dies angab · Seitenvergleich nicht durchgeführt	→ Herstellerangaben beachten → Farbabweichungsprüfungen durchführen (s. S. 36)
· Muster passt nicht	· falscher Rapportzuschnitt · falscher Ansatz an Wand · unterschiedliche Weichzeit	→ richtiges Zuschneiden → Rapportansatz beachten (s. S. 38, 39) → Weichzeiten einhalten
· Tapete löst sich/ Nähte platzen auf	· Untergrund nicht fest genug (saugt stark) · Untergrund: keine Haftung · Zugluft/starkes Heizen · falscher Nahtroller · nicht saugender Untergrund · falscher Kleistereinsatz (zu dünn) · zu lange Weichzeit, Kleister getrocknet	→ mit Tiefgrund festigen und Saugfähigkeit regulieren → fluatieren → Zugluft vermeiden, kein starkes Heizen, kurzes Lüften → richtiges Andrückwerkzeug → ablaugen, abkratzen, nachwaschen → Kleister richtig ansetzen (s. S. 42) → Weichzeit beachten

REKLAMATION	URSACHE	MASSNAHME
ALLE TAPETEN		
· Unterpapier von spaltbaren Tapeten wird teilweise mit abgezogen	· Untergrund nicht glatt, fest oder tragfähig genug · falscher Kleistereinsatz	→ Untergrund vorbereiten → Kleister richtig ansetzen
· Faltenbildung	· zu kurze Weichzeiten · Falten durch falsches Andrücken entstanden · Tapetenbahn verzogen · in Ecken nicht zugeschnitten	→ Weichzeit beachten! → passendes Andrückwerkzeug benutzen → lotrechtes Anlegen → in Ecken zuschneiden und neu anlegen (s. S. 56)
· Knicke	· Aufeinanderdrücken der zusammengerollten Bahnen	→ Knicke unbedingt vermeiden!
PAPIER- UND PRÄGETAPETEN		
· Oberfläche weist Unebenheiten auf	· alte Tapete als Untergrund, Nähte/Struktur sichtbar · ungenaues Spachteln · Untergrund war bei transparenter Tapete nicht ebenflächig weiß	→ alte Tapeten entfernen! → glattes Spachteln und Schleifen → Vorstreichen mit pigmenthaltigem Tiefgrund oder Rollenmakulatur
· Glanzstellen auf Tapete	· zu kräftig mit Bürste bearbeitet	→ passendes Andrückwerkzeug benutzen (s. S. 53)
· Fleckenbildung	· alte Anstriche „bluten durch" (lösliche Farbstoffe, Rauch) · Kleister löst Schmutz des Untergrundes oder färbende Substanzen der Tapete an	→ Putzflächen fluatieren (s. S. 23) → richtige Untergrundvorbehandlung (s. S. 19) → Rollenmakulatur verkleben
· Feuchteflecken auf Tapete	· baudynamische Mauerfeuchtigkeit: Salzausblühungen · Kondensfeuchtigkeit an Kältebrücken	→ Bedenkenanmeldung! (s. S. 18) → Sanierung notwendig
· Schimmelpilze auf Tapete	· s. Feuchteflecken auf Tapete · schlechte Belüftung	→ Tapete entfernen, Schimmel beseitigen → Lüften, Lüften, Lüften!

REKLAMATION	URSACHE	MASSNAHME
VINYLTAPETEN		
· violette/rosa Verfärbungen	· feuchter Untergrund (Schimmelpilz)	→ Untergrund muss trocken sein
· Vergilben	· zu starke Nikotinbelastung	→ Anstrich mit Dispersionsfarbe oder andere Tapetenart bevorzugen
· Nahtstelle schrumpft	· hohe Raumtemperaturen	→ Lüften, 18–20°C
· Öffnen der Nähte von Schnittstellen	· die Ecken wurden mit Cutter im Doppelnahtschnitt ausgeführt	→ kein Anschneiden des Untergrundes durch Schnitt mit Gleitfußmesser
· überlappende Verbindungen öffnen sich	· kein Nachkleben der Überlappungen	→ überlappende Stellen mit Dispersionskleber nachkleben
· Strukturierung beschädigt	· scharfe Gegenstände auf weicher Oberfläche gekratzt	→ stark beanspruchte Wände eignen sich nicht zur Tapezierung mit Strukturvinyltapeten
· Strukturierung unterschiedlich	· Fabrikationsfehler, es wurde einseitig strukturiert	→ Reklamation beim Hersteller
· Musterrapport passt an Außenecken, Rundbögen, Dachschrägen nicht	· bei Ecken muss überlappend tapeziert werden, mit nicht passendem Rapport	→ Eckprofile schützen die Kanten und gleichen den Rapport optisch aus
METALLTAPETEN		
· dunkle Verfärbung	· Untergrund alkalisch	→ auf Alkalität prüfen → spaltbare Rollenmakulatur verkleben

REKLAMATION	URSACHE	MASSNAHME
TEXTILTAPETEN		
· Flecken/Streifen	· bei transparenten Tapeten scheint ein ungleicher Untergrund durch	→ einheitlich heller Untergrund oder Rollenmakulatur
· schattierte Streifen (5–10 cm) im rechten Drittel der Tapetenbahn	· beim Einkleistern der Bahn waren die anderen Bahnen darunter, so hat der Kleister auf die unten liegende Bahn länger einwirken können	→ Textiltapeten sollten immer einzeln auf dem Tisch liegend verkleistert werden
· Kettfadentapete wird nach Tapezierung kürzer	· die Einwirkung von Klebemittel mit nicht maßhaltigem Garn kann zum Schrumpfen der Tapete führen	→ Reklamation beim Hersteller
· Kettfäden lösen sich beim Tapezieren	· Bei Produktion nicht fest genug kaschiert · zu starkes Andrücken im feuchten Zustand	→ Reiben der Schnittstellen vermeiden → Kantenrolle verwenden → mit Kunststoffspachtel andrücken
· Außennahtstelle öffnet sich	· die Ecken wurden mit Cutter im Doppelnahtschnitt ausgeführt, durch Trocknungsspannung öffnet sich die Naht	→ kein Anschneiden des Untergrundes durch Schnitt mit Gleitfußmesser → beim Schneiden mit Cuttermesser Schiene unterlegen
· Schatten im Nahtbereich	· Kleisterreste · zu festes Andrücken mit dem Nahtroller	→ darauf achten, dass kein Kleister aus der Naht hervorquillt
· Ausfransen der Anschnittstellen	· Schnitt erfolgte mit unscharfem Schneidewerkzeug	→ zum Zuschneiden scharfes Cuttermesser, am besten mit Dreikantschiene

II Visualisierung

1. LICHTWECHSEL

LICHT WAHRNEHMEN, LICHT INSZENIEREN, LICHT TAPEZIEREN

2. FARBWECHSEL

FARBEN ORDNEN, FARBEN WIRKEN, FARBEN KULTIVIEREN

3. MUSTERWECHSEL

MUSTER WIRKEN, MUSTER IMITIEREN, MUSTER EINSETZEN

4. RAUMWECHSEL

RAUM STRUKTURIEREN, RAUM AKZENTUIEREN, RAUM GESTALTEN

5. STILWECHSEL

STILE WANDELN, STILE SORTIEREN – STYLEGUIDE

1. Licht-
wechsel

Nachts sind alle Katzen grau. Nur durch Licht nehmen wir Farbe wahr. Dies wusste schon Aristoteles. „Soviel ist allbereits klar, das[s] das im Licht gesehene, Farbe ist; daher wird sie nicht ohne Licht gesehen". [1] Licht beeinflusst unsere Farbwahrnehmung dermaßen, dass das Wissen um die Lichtwirkung für die Raumgestaltung von hoher Bedeutung ist. Ein dunkelgrüner Pullover im Laden erscheint im Tageslicht gar nicht mehr dunkelgrün. Wie kommt das?

1 Vgl.: von Goetthe S. 15

1.1
LICHT WAHRNEHMEN

Warum erscheint uns zum Beispiel eine bestimmte Blume rot? Der Sinneseindruck „Farbe" entsteht nur in unserem Gehirn. Um den wahrgenommenen Lichtreiz als Farbton deuten zu können, müssen physiologische und physikalische Prozesse aktiviert werden. Der Lichtreiz wird über das Auge in unser Gehirn geleitet. Während in der Netzhaut des Auges die Stäbchen für die Helligkeit zuständig sind, nehmen die Zapfen drei unterschiedliche Wellenlängenbereiche wahr. So können drei Farbbereiche differenziert werden.[2]

2 Vgl.: Rodeck u.a. S.16

Physikalisch betrachtet treffen elektromagnetische **Lichtwellen** beispielsweise auf das rote Blumenmuster einer Tapete. Die kurzwelligen Strahlen werden von dem roten Blumenmuster absorbiert und die langwelligen Strahlen reflektiert. Diese Strahlen gelangen über das Auge ins Gehirn, wo der Farbeindruck „rot" entsteht.

1.2
LICHT INSZENIEREN

Natürliches Licht inszeniert sich jeden Tag durch Sonnenstrahlung stets unbeständig, mal heiter, mal bewölkt. Je nach Jahres- und Tageszeit wechselt die Lichtstimmung, hierdurch lassen sich auch Raumsituationen verändern. In der Raumgestaltung werden drei Lampentypen unterschieden: Glühlampen, Entladungslampen und Leuchtelektroden (LED). Raumstimmungen lassen sich durch Licht verändern. Der natürliche Lichteinfall sollte vor dem Einsatz von künstlichem Licht analysiert werden. Je nach Beschaffenheit der Boden-, Wand- und Deckenflächen beeinflussen die Lichtquellen Farbwirkungen im Raum. Einrichtungsgegenstände haben ebenso einen Einfluss auf die Verteilung des Lichtes. In Räumen mit wenig Tageslicht können matte und dunkle Oberflächen die Dunkelheit noch zusätzlich verstärken.

EXKURS:

Das Farb-Licht Zentrum an der Züricher Hochschule der Künste (ZHdK) beschäftigt sich in zahlreichen Forschungsprojekten mit den Wechselwirkungen zwischen farbigen Oberflächen, Raum und Licht.[3]
www.farblichtzentrum.ch

3 Vgl.: www. farblicht- zentrum.ch

LITERATURTIPP:

Bachmann, Ulrich: Farbe und Licht. Materialien zur Farb-Licht-Lehre. Zürich: Niggli AG. 2011.

1.3
LICHT TAPEZIEREN

Mit Tapeten lassen sich Wände zum Leuchten bringen. Die LED Tapete von Ingo Maurer ist hierfür ein gutes Beispiel. Diese Tapete mit integrierten Leuchtdioden (LEDs) wurde in Zusammenarbeit mit Architects Paper entwickelt. Die LEDs werden mit einem Vorschaltgerät angesteuert. Die Farbigkeit und Helligkeit kann damit reguliert werden.[4] Andere leuchtende Tapeten enthalten fluoreszierende Bestandteile, die je nach Lichteinfall bei Dunkelheit nachwirken. Bei einem Stromausfall können sie einen Rettungsweg Richtung Notausgang weisen.

4 Vgl.: www. as-creation. de

LED TAPETE
INGO MAURER (ARCHITECTS PAPER)

MATERIAL	Vliesträger (lösemittelfreier Dispersionskleber)
VERKLEBUNG	Wandklebetechnik (Tapete lässt sich problemlos einrollen)
WEITERES	Ansteuerung mit Vorschaltgerät, Regulationsmöglichkeit in Farbe und Helligkeit, elektronischer Anschluss nur durch Fachmann möglich[5]

5 Vgl.: www. as-creation.de

2. Farb-
wechsel

6 Vgl.: Wilbert S. 83

Wer schwarz weiß denkt, dem graut vor Zwischentönen.[6] Würde unsere Welt uns nur in grauen Farbtönen erscheinen, könnten wir dann sicher über die Straßen gehen? Farben geben Signale, sie setzen Akzente, vermitteln Inhalte, beeindrucken oder verwirren auch mal. Hierbei beeinflussen Farben jedes Mal unser alltägliches Handeln und Fühlen.

Das fängt bei den ersten bunten Blüten im Frühling an, geht weiter bei der Bekleidungsauswahl und findet bei der Wahl des Farbkonzeptes für einen Raum noch nicht sein Ende.

2.1
FARBEN ORDNEN

Kinder mögen Farben bunt und durcheinander. Da liegen blaue Stifte neben orangenen und grünen im Stiftmäppchen. Erst im Lauf der Jahre sind Kinder bestrebt Farben zu ordnen. Dann am liebsten nach dem Aufbau des Regenbogens. Die Anordnung dieses beeindruckenden Naturschauspiels beschäftigte auch Goethe. Für ihn waren "Farben [...] Thaten des Lichts, Thaten und Leiden".[7] Wissenschaftler, Künstler und Philosophen sind versucht, die wahrnehmbare Farbwelt zu ordnen. Hierzu dienen ihnen z.B. das Farbdreieck, der Farbtonkreis, die Farbpyramide oder der Farbenglobus. Allerdings gibt es kein Farbsystem in dem alle Farbtöne abgebildet werden können.

7 Vgl.: von Goethe S. XV

Um Farbsysteme verstehen zu können, müssen die „Farbvokabeln" beherrscht werden. Erst dann können Farbtöne in einem Farbsystem eindeutig als Kommunikationsmittel bestimmt werden.

Der **Farbton**, auch Buntton genannt, gibt die Reinheit einer Farbe an. Er zeigt die intensivste Ausprägung oder Sättigung eines Farbtons.[8] Bunte Farbtonbezeichnungen können durch die Farbnamen Gelb, Rot oder Blau gekennzeichnet werden. Als unbunte Farbtöne gelten Weiß, Schwarz und alle Grautöne.

8 Vgl.: Baumgart/ Müller/ Zeugner S. 28

Die **Farbhelligkeit** ist jene Grundqualität der Lichtintensität, die bei bunten und unbunten Farben wahrnehmbar ist. Orange ist heller als Blau. Grün und Rot besitzen eine ähnliche Helligkeit. Da die Graustufen die Helligkeitsunterschiede verdeutlichen, werden diese Abstufungen deutlich, wenn man ein buntes Bild in Graustufen konvertiert.

Die **Sättigung** eines Farbtons kann durch Zugabe von Schwarz oder Weiß verändert werden. Der Farbton wirkt dann stumpf, wenn die Leuchtkraft und Reinheit des Farbtons verändert wird.[9] So stellt Rot die größte Farbtonsättigung dar. Die anderen Farben sind umso weniger gesättigt, je näher sie bei der Unbunt-Reihe liegen.

9 Vgl.: Zwimpfer Anm. 330

LITERATURTIPPS:

Kuehni, Rolf G.; Schwarz, Andreas: Colour ordered – a survey of colour order systems from Antiquity to the present. New York: Oxford University Press 2008

Werner Spillmann (Hrsg.): Farb-Syteme 1611-2007. Basel: Schwabe 2010

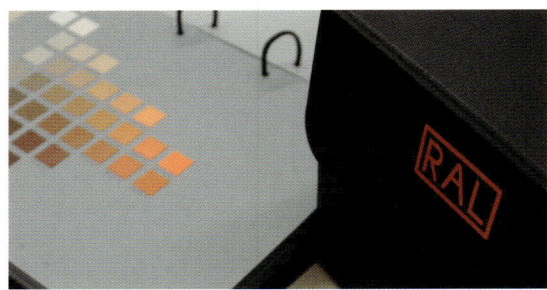

In der handwerklichen Praxis haben sich das RAL-Design-System und das Natural Colour System (NCS) bewährt.

Das Unternehmen RAL entwickelte unter der Bezeichnung RAL-Design-System ein geordnetes, farbmetrisch definiertes Farbsystem für den Bereich der Architektur und Innenraumgestaltung. Es basiert auf physikalisch-physiologischen Erkenntnissen und ist in einem asymmetrischen Farbraum angeordnet. Jedem Farbton ist eine farbtongleiche Fläche mit senkrechten Reihen gleicher Reinheit (gleicher Buntheit) zugeordnet. Die waagerechten Reihen sind für die Helligkeit vorgesehen. Die Abstände in den Reihen sind linear gegliedert.

MERKE:

Beispiel RAL-Design-System:
RAL DESIGN 050 70 60

Die RAL-Design-System Bezeichnung 050 70 60 beschreibt einen Farbton zwischen Gelb (Y) und Rot (R) mit folgenden Eigenschaften:

· Buntton H (hue) = 50
· Helligkeit L (lightness) = 70
· Buntheit C (chroma) = 60

Der dargestellte Farbton ist ein Orange.[10a]
Weitere Informationen unter:
www.ral-farben.de

10a Vgl.: www.ral-farben.de

Das *NCS (Natural Colour System)* orientiert sich an der menschlichen Farbwahrnehmung. Die Farbtöne Rot, Grün, Blau und Gelb stehen sich als Achsen in einem Koordinatensystem gegenüber. Hierdurch entsteht ein Farbraum. Dieser wird durch die beiden Pole Schwarz und Weiß räumlich zu einem Doppelkegel erweitert.

Die charakteristische Struktur eines Farbtons nach dem NCS gibt zum einen eine Übersicht über das Farbengefüge in farbtongleichen Flächen und zum anderen Auskunft über die Mischanteile.

MERKE:

Beispiel Natural Colour System:
4550-R 80 B

Diese NCS Bezeichnung beschreibt einen Farbton zwischen Rot (R) und Blau (B) mit folgenden Eigenschaften

· 45% wahrgenommener Schwarzanteil (blackness)
· 50% wahrgenommener Buntanteil (chromaticness)
· 80% wahrgenommenes Blau (die restlichen 20% tendieren zu Rot)

Der dargestellte Farbton ist ein Blau.[10b]
Weitere Informationen unter:
www.ncscolour.com/de/ncs

10b Vgl.: www.ncscolour.com

2.2
FARBEN WIRKEN

Gedankenverloren richtet sich der Blick auf den kürzlich gekauften orangenen Sessel aus den siebziger Jahren vor der weißen Wand. Senkt sich nun der Blick wieder auf das vor einem liegende weiße Blatt Papier, wirken die Umrisse des Sessels in einem Violett nach. Viele Wissenschaftler und Künstler beschäftigten sich mit diesem Phänomen des komplementären Nachbildes (Sukzessivkontrast). Das gelbe Gemälde an einer ultramarinblauen Wand wirkt anders als vor rotem Hintergrund. Der gleiche Farbton des Gemäldes umgeben von zwei unterschiedlichen Umgebungsfarben, kann die Wahrnehmung des Gemäldefarbtons beeinflussen. Die jeweils aneinanderliegenden Farbtöne werden durch unterschiedliche Lichtwellen reflektiert und ergeben zusammen in unserem Gehirn einen neuen Mischton. Der Einfluss der Umgebungsfarbe kann also den Ursprungsfarbton verändern (Simultankontrast). Diese physiologische Wirkung beeinflusst den Betrachter permanent. Es gibt viele Studien dazu, wie farbige Eindrücke auf den Organismus einwirken. Bei der Planung einer farbigen Raumgestaltung mit Tapeten sollte sowohl die Wirkung einzelner Farbtöne als auch die Farbkombination bedacht werden, um unangenehme Reize zu unterbinden. Obwohl es

wissenschaftlich erwiesen ist, dass die Produktivität in farbigen Räumen höher ist als in Räumen mit weißen Wänden[11a], bleiben die Wände in Kindergärten, Schulen, Wohnungen oder Krankenhäuser oft aus Kostengründen weiß. Die Gestalterin / der Gestalter schaffen beispielsweise durch die gekonnte Kombination von Farben und Tapeten angemessene Atmosphären in Innenräumen.

11a Vgl.: Causse S. 60

EXKURS:

Das Haus der Farbe in Zürich setzt sich u.a. in umfangreichen Forschungs- und Lehrprojekten mit ästhetischen und atmosphärischen Eigenschaften von Farbe und Material auseinander, um angemessene Raumwirkungen zu erzielen.[11b] *www.hausderfarbe.ch*

11b Vgl.: www.hausderfarbe.ch

2.3
FARBEN KULTIVIEREN

Die Farbwelt ist kulturell genauso bunt wie verschieden. Farbwahrnehmungen sind nicht nur Reizweiterleitungen, sondern werden auch durch persönliche Erfahrung beeinflusst.

Farben können verschiedene **Assoziationen** hervorrufen. Die kulturellen Normen unterscheiden sich wie Tag und Nacht. Jede Kultur hat ihre eigenen Farbinterpretationen, die durch religiöse, politische, historische und persönliche Geschehnisse bestimmt sind. Das wohl berühmteste Beispiel ist der Unterschied bei der Trauerfarbe. Im Unterschied zu Europa gilt in Asien nicht Schwarz, sondern Weiß als Trauerfarbe.

01 PSYCHOLOGISCHE FARBKULTIVIERUNG

Farbtöne können aufgrund individueller Erfahrungen eine psychologische Empfindung repräsentieren. Ein Chirurg empfindet die Farbe Rot anders als ein Weinhändler. Einige psychologische Assoziationen ähneln sich, so wird in unserem Kulturkreis mit der Farbe Gelb die Geschmacksempfindung sauer, erfrischend und bitter verbunden.[12]

12 Vgl.: Heller S. 13 f.

02 SYMBOLISCHE FARBKULTIVIERUNG

Eine symbolische Farbzuordnung kann durch Erfahrungen und Überlieferungen entstehen. Schon im Mittelalter wurden die Leute grün vor Neid oder waren gar noch grün hinter den Ohren. In der Gegenwart entstehen ebenso neue symbolische Farbzuordnungen. Trendige Farbnamen steuern Assoziationen zu einer Farbe. Die Trendfarbe Salsa „wirkt an einer Wand wie ein permanentes Geschenk, eine Quelle von Lebenslust, Freude und familiärer Atmosphäre."[13] „Ruhe und paradiesische Unbeschwertheit"[14] überkommen einen mit der Trendfarbe Lagune.

13/14 Vgl.: www.schoenerwohnenfarbe.com

03 REGIONALE FARBKULTIVIERUNG

Aufgrund von Baumaterialien gibt es regionale Farbvorlieben. Im Bergischen Land dienen beispielsweise dunkelgraue Schieferfassaden als übliches Gestaltungsmittel und Witterungsschutz an Hausfassaden. Im Norden Deutschlands dagegen herrschen rote Klinkerfassaden vor. Die dunkle Schieferfassade mag regional gefallen, Zugezogene mögen eine solche dunkle Fassade eher als kühl und karg empfinden.

04 POLITISCHE FARBKULTIVIERUNG

Die alten Wappen und Flaggenfarben waren die Farben der herrschenden Dynastien.[15] Rot ist die häufigste Farbe in Flaggen. In der Geschichte änderte sich die Symbolik der roten Flagge von der Freiheit der Französische Revolution, über die Arbeiterbewegung, zur Fahne des Kommunismus in Russland. Unsere Parteienlandschaft kann hier ebenso als ein aussagekräftiges Beispiel für politische Farbkultivierung dienen.

15 Vgl.: Heller S. 15

LITERATURTIPPS:

Gage, John: Kulturgeschichte der Farbe. Von der Antike bis zur Gegenwart. Leipzig: Seemann 2009

Heller, Eva: Wie Farben wirken. Farbpsychologie. Farbsymbolik. Kreative Farbgestaltung. Hamburg: Rowohlt 1989

Pagels, Nathalie: Ethik der Farbgestaltung. in Malerblatt: 12/2014, 01/2015 und 02/2015

3.
Muster-
wechsel

Punkt, Punkt, Komma, Strich, fertig ist der Mustermix. Geschwungene Formen und Linien ergeben eine Struktur an der Wand. Durch Wiederholung entsteht ein Muster. Die Kraft und Wirkung von Strukturen ist enorm und sollte bei der Raumgestaltung nicht unterschätzt werden. So können eintönige Oberflächen durchbrochen und Bewegung in ein starres Raumschema gebracht werden. Der Einsatz von Mustertapeten gibt einem Raum zudem eine individuelle Charakteristik. Während sich der Eine lieber mit romantischen Blümchenmotiven umgeben möchte, setzt die Andere bei der Wandgestaltung eher auf minimalistische Geometrie.

3.1
MUSTER WIRKEN

Strukturen auf Oberflächen beherrschen die Umgebung eines jeden Individuums. Die Textur einer Tapete kann je nach Material und Form unterschiedlich in Erscheinung treten.

Die Gestaltung von Wänden mit Mustern ist eine gestalterisch komplexe Aufgabe. Die Art des Tapetenmusters kann den Stil eines Raumes unterstreichen, einen Akzent setzen oder zur Raumaufteilung dienen. Eine ausgefeilte Gestaltung ist von der Verwendung und **Kombination** eines Musters abhängig. Es gibt verschiedene Gestaltungsformationen zur Anordnung eines Musters[16].

Muster entstehen durch verschiedene Bedingungen. Es gibt natürlich gegebene Musterstrukturen, wie die Maserung von Holz oder Stein, die naturbedingte Unregelmäßigkeiten aufweist. Geschaffene Musterstrukturen dagegen entstehen durch die Verarbeitung von Materialien. Tapeten lassen sich beispielsweise durch Prägung, Druck oder plastischen Auftrag strukturieren. Geknüpfte Teppiche erhalten ihre Oberflächenstruktur durch die Weiterverarbeitung von Wolle und einer bestimmten Knüpftechnik.

16 Vgl.: Heuser S. 31

EXKURS:

Die Materialagentur RaumPROBE möchte durch ihre Materialsammlung zu einer kreativen Gestaltung mit unterschiedlichen Materialien und Werkstoffen animieren. Innerhalb von zehn Jahren ist eine einzigartige Bibliothek zur vielfältigen Gestaltung von Oberflächen entstanden. Von Textiltapeten über Metalltapeten bis zu Flüssigtapeten ist das Online-MaterialLEXIKON ein schnelles Nachschlagwerk mit vielen zusätzlichen Informationen über Tapeten.[17]

Diese Informationen finden Sie unter:
www.raumprobe.de

17 Vgl.: www. raumprobe. de

3.2
MUSTER IMITIEREN

Mit Ornament-gebundenen Mustern können persönliche Empfindungen ausgelöst oder z.B. gesellschaftlicher Status assoziiert werden. Beliebte Muster spiegeln zu jeder Zeit kulturelle Trends wieder. So ließen sich Adelige schon früher für ihre Räumlichkeiten aufwändig gestaltete, vergoldete Ledertapeten mit floralen Ornamenten anfertigen, wodruch sie ihren gesellschaftlichen Status markierten. Am beliebtesten sind heute individuell gestaltete Räume. Designorientierte Personen fühlen sich bei grafischen Designs in klaren Farben wohl, Reisehungrige entspannen bei einer orientalischen Formensprache.

Muster erzeugen Illusionen durch Imitationen. Die Nachahmung von kostbaren Materialien stellt eine alte Tradition dar. So gab es zu Zeiten des Barock Werkstätten, die Flocktapeten herstellten. Diese waren ein Ersatz für die teuren Samttapeten.[18] Der Imitationsgedanke ist immer noch aktuell. Natürliche Muster werden auf sämtlichen Untergründen imitiert. Es gibt Tapeten mit Mauerwerksimitation, in Beton-, Holz- und Schieferoptik. Fast ohne Metall können rostende Wände durch Tapeten dargestellt werden. Der Clou ist die dreidimensionale Gestaltung, die die Imitation selbst bei Berühren echt wirken lässt.

18 Vgl.: Biermann/ Klinkhardt S. 30

3.3
MUSTER EINSETZEN

Der Einsatz von Mustern ist nahezu unbegrenzt. So finden sich diese auf Bodenbelägen, Fliesen, Wandbekleidungen, Stoffen oder Mobiliar wieder. Die Auswahl eines Musters gibt den Stil eines Raums vor und liefert die Grundlage der **Raumwirkung**. Mehr als zwei gleich „starke" Motive wirken in der Gestaltung oft gesättigt. Die Wiederholung des Hauptmotivs in veränderter Größe wirkt dagegen angenehm.

19 Vgl.: Llewelyn-Bowen S. 111

Über folgende Punkte sollte bei einer Raumgestaltung Klarheit herrschen. Je nach gestalterischer Haltung fließen diese in die Entwurfsarbeit und Umsetzung ein:[19]

01
Zu starke Kontraste oder stark betonte Motive können verwirren und die Raumwirkung erheblich stören.

02
Große, intensive Muster wirken schwer, ziehen die Aufmerksamkeit an und dominieren großflächig den Raum. Kleine Muster hingegen lassen einen Raum größer erscheinen.

4. Raum-
wechsel

Das Bedürfnis nach einem räumlichen Zufluchtsort ist so alt wie die Menschheit selbst. Ein schutzbietender Raum entwickelte sich in Abhängigkeit zu technischen Möglichkeiten. In der Architektur bestehen Räume aus verschiedenen Bereichen, die unterschiedliche Funktionen haben. Innerhalb eines Gebäudes können Räume unterschieden werden, die einen Bezug zueinander und zum gesamten Bauwerk haben. Jedes einzelne Zimmer wird durch gestalterische Mittel in weitere Raumzonen gegliedert. Dies erfolgt unter Verwendung von Licht, Farbe, Muster und Möbeln.

4.1
RAUM STRUKTURIEREN

Im Lauf der Zeit wandelte sich die Vorstellung des Raumes. Zu Zeiten der Ägypter um 500 v. Chr. spielte der Innenraum keine große Bedeutung. Raum wurde als „das Dazwischen" verstanden, um dem Kosmos näher sein zu können. Der Innenraum diente schon immer einem Zweck, so grenzte und grenzt er Innen und Außen voneinander ab.

Am Ende des 19. Jahrhunderts gewann die Beziehung zwischen Außen- und Innenraum an Bedeutung. Durch verglaste Außenwände entstand ein fließender Übergang zwischen Außenwelt und behaglichem Innenraum.[20] Der Wohnraum als solcher bleibt nach wie vor Rückzugsort. Der Gestaltung durch Farbe, Licht, Tapetenmuster und Mobiliar ist es zu verdanken, dass dieser Raum als vertrauter und angenehmer Ort wahrgenommen wird. Geordnete Raumstrukturen können besser erfasst werden. Dazu gehören Laufwege, die den Gang durch die Räumlichkeiten ökonomisch und in ihrer Aufteilung leicht verständlich machen. Ungeordnetes und störendes Mobiliar kann Laufwege blockieren. Möbel im Raum wirken eigenständiger und offener, wenn sie einige Zentimeter von der Wand entfernt stehen. Derselbe Effekt wird bei Mobiliar sichtbar, das Beine und somit einen gewissen Abstand zum Boden hat.

20 Vgl.: Grütter S. 136 ff.

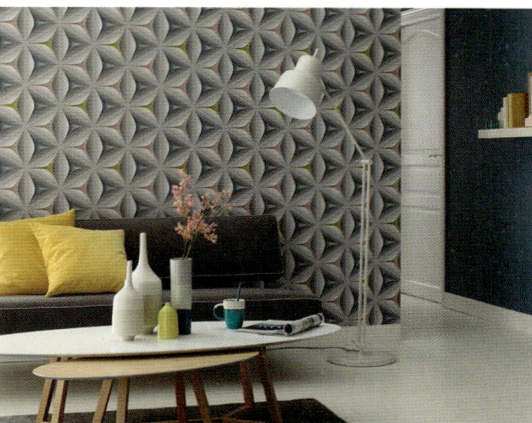

4.2
RAUM AKZENTUIEREN

21 Vgl.:
Biermann/
Klinkhardt
S. 11 f.

Die Raumnutzung kann durch Gestaltungselemente verdeutlicht werden. Das Grundschema eines Raumes wird gebildet durch **Boden, Wände und Decke.** Diese Elemente werden von verschiedenen Aspekten beeinflusst:[21]

A
DIE DIMENSION DER RAUMDEFINIERENDEN ELEMENTE

Räume können durch Wände, transparente Glasfronten, Säulen, Galerien, Dachformen oder Podeste gegliedert werden. Alle Elemente bilden eine Abgrenzung zu einem Bereich eines Gebäudes. Durch die Dimension, also die Ausprägung dieser Elemente, können Räume weitläufig (Glasfront), drückend (tiefe Decken mit kurzen Säulen), erweiternd (Galerie) oder rätselhaft (Labyrinth mit halbhohen Mauern) wirken.

B
DIE ANORDNUNG DER ELEMENTE

Nicht nur die Bauteile beeinflussen den Raum, sondern auch ihre Anordnung. Vertikal gegliedertes Mobiliar, wie Vitrinen oder Stehlampen, erzeugt Dynamik in der Höhe, horizontales Mobiliar dagegen, wie ein Sideboard, gibt dem Raum zusätzliche Höhenebenen. Die Proportion und die Form des Mobiliars geben dem Raum eine Ordnung.

C

DIE ART DER ELEMENTE
MATERIAL, OBERFLÄCHE, TEXTUR UND FARBE
Wie bereits erwähnt, sind Material, Oberfläche,
Textur und Farbe sehr wichtige Faktoren, die ein
Raumkonzept unterstützen. Sie bedingen sich ge-
genseitig und erschaffen zusammen eine bestimmte
Raumatmosphäre.

D

DIE ÖFFNUNG IN UND ZWISCHEN DEN
ELEMENTEN
Die Beziehungen der Räume zueinander und zur
äußeren Umgebung: Ein Raum ohne Fenster kommt
nur selten ohne künstliches Licht aus. Raumhohe
Fenster integrieren den Raum in die äußere Umgebung. Eine ähnliche Wirkung haben auch Flügel-
türen, Glastüren und Oberlichter.

4.3
RAUM GESTALTEN

22 Vgl.: Gibbs S. 124 ff.

Bei der Gestaltung eines Raums sind folgende Schritte zu durchlaufen.[22]

01 BERATUNGSGESPRÄCH MIT DEM KUNDEN

Zu Beginn eines jeden Projekts gibt es ein Gespräch mit dem Auftraggeber über das Konzept der Raumgestaltung. Mithilfe des Styleguides (A.S Création 2016) kann die Wohnraumgestaltung **Zielgruppenorientiert** geplant werden. Durch die Auswahl von verschiedenen Produktwelten lassen sich Tapetenkollektionen finden, die zum Wohnstil des Kunden passen könnten. Die Klassifizierung in Produktwelt, Einrichtungsstimmung und Farbwelt stellt eine erste Richtung für die Tapetenauswahl dar.

02 BESTANDSAUFNAHME DES RAUMS

Für einen angemessenen Entwurf ist es wichtig, dass das vorhandene Interieur mit in die Raumgestaltung einbezogen wird. Ziel der Bestandsaufnahme ist daher die **Analyse** der vorhandenen Materialien (z.B. Bodenbeläge) und Möbel. Gibt es beispielsweise Gemälde, die in der Planung berücksichtigt werden müssen? Welche Materialien bei Decken- und Bodenflächen herrschen vor? Wie steht das Interieur im Raum?

Zur besseren Planung sollten Fotos von der Einrichtung gemacht werden. Ein weiterer wichtiger Aspekt ist die Angabe künstlicher Lichtquellen und natürlicher Lichtverhältnisse im Raum. Nachdem die Maße des Raumes erfasst sind, sollten wichtige Details in einer Grundrisszeichnung skizziert werden. Bei der Gestaltung von Objektbereichen (Ladenlokalen, Restaurants usw.) spielen die angebotenen Waren und Dienstleistungen, das Corporate Design sowie die Zielgruppe des Unternehmens eine wichtige Rolle bei der Raumgestaltung.

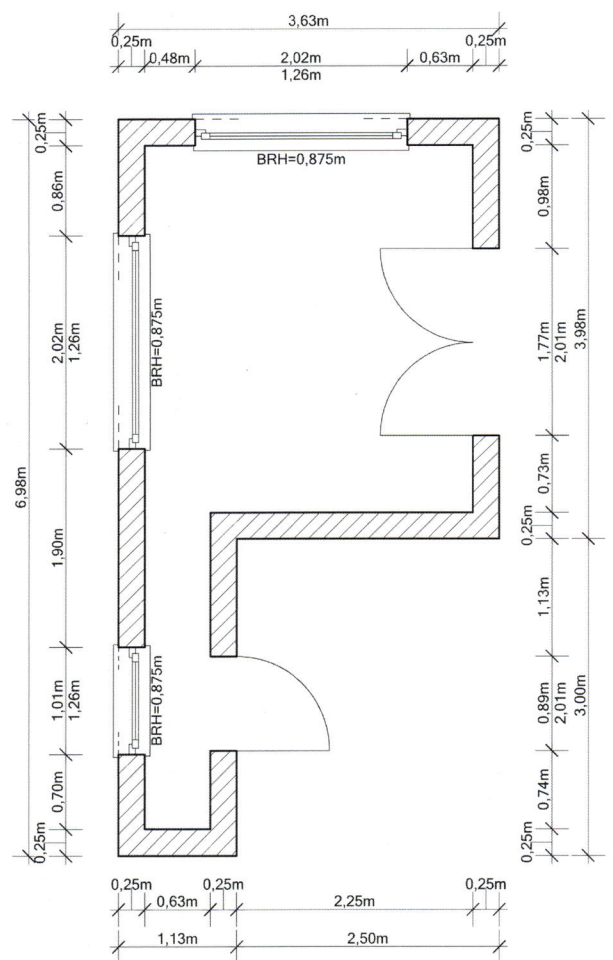

03 GESTALTUNGSKONZEPT ENTWERFEN

Im Anschluss an die Bestandsaufnahme erfolgt ein **Entwurfsprozess.** Mit den zuvor getroffenen Überlegungen über die angemessene Stilwelt kann ein erster Entwurf die Atmosphäre des Raumes veranschaulichen. Dies erfolgt durch ein sogenanntes **Mood-/ Materialboard.** Dafür werden die gewünschten Materialien und Farben für Boden-, Wand- und Deckenbereiche mit den vorhandenen Materialien und den Fotos der Einrichtungsgegenstände in Form einer Collage zusammengestellt. Eine große Auswahl an Tapetenmustern kann online entsprechend der ausgewählten Stilwelten (s. S. 94) angeschaut und ausgedruckt werden. Stoff-, Farb- und Oberflächenmuster werden mit den Ausdrucken kombiniert. Je nach Raumnutzung muss darauf geachtet werden, dass die ausgewählten Tapeten die gewünschten physischen Beanspruchungen erfüllen.

Im Weiteren wird das Konzept des Raums als perspektivische Zeichnung verwirklicht. Diese Zeichnung kann am Computer oder per Hand erstellt werden. Wichtige funktionsgebundene Wandinszenierungen im Raum können mit einer Detailzeichnung ergänzt werden.

04 ABSCHLIESSENDE PRÄSENTATION

Mit der Auswahl der Tapete steht das **Gestaltungskonzept.** Nun werden weitere Informationen über die ausgewählte Tapete eingeholt. Eine abschließende Präsentation veranschaulicht dem Kunden das Konzept und den gestalterischen Umgang mit der Tapete. Kundenwünsche können hier nochmals besprochen und berücksichtigt werden.

Für die sich anschließende handwerkliche Umsetzung sind im ersten Kapitel „Technologie" die praktischen Ausführungshinweise beschrieben.

MERKE:

Hier finden Sie die digitale Version des Buches, weitere Informationen sowie eine zusätzliche Mustersammlung

www.as-creation.de/unternehmen/ tapetenstiftung/tapetenwechsel.html

5. Stil- wechsel

Zeige mir deine Wohnung und ich sage dir, wer du bist.

Jeder Mensch ist eigen. Stile charakterisieren einen Menschen.

Demografische Merkmale wie Alter, Geschlecht und Einkommen

beeinflussen unsere Stilvorlieben für Kleidung, Konsumgüter

oder auch Tapeten. Stilwechsel in der Raumgestaltung sind

auch historisch zu erklären. Die Entwicklungsgeschichte der

Tapete hat viele Stile hervorgebracht. Für Tapetenmuster wurden

oft die charakteristischen Stilmerkmale der jeweiligen Epoche

aufgegriffen. Seit seiner Gründung 1923 dokumentiert das

Deutsche Tapetenmuseum die Verwendung der Tapeten durch

eine Sammlung zahlreicher historischer Wandbekleidungen.

Die Sammlung umfasst ca. 23.000 Objekte. Der Onlinekatalog

"Sammlung Deutsches Tapetenmuseum" (www.tapeten.museum-

kassel.de) bietet hierzu eine umfangreiche Datenbank.[23]

23 Vgl.: www.tapeten. museum- kassel.de

5.1
STILE WANDELN

RENAISSANCE IN DEUTSCHLAND
1509-1620

MOTTO	Wiedergeburt der Kunst aus dem Geist der Antike
TAPETEN	Stoffbespannungen (Samtbrokat)/Leder/ Tapisserien
FARBEN	schwere Bunttöne, Gold
MOTIVE	symmetrisch, floral, farbig
KÜNSTLER	Albrecht Dürer
BAUWERK	Rathaus, Augsburg

BAROCK IN DEUTSCHLAND
1664-1714

MOTTO	nach dem 30-jährigen Krieg üppige Prachtentfaltung
TAPETEN	Tapetenhanddruck, Goldledertapeten, Imitationstapeten: Flocktapeten
FARBEN	kräftige Farbtöne: Rot, Orange, Gelb
MOTIVE	üppig, schwer wirkend, geschwungen
KÜNSTLER	Jean Papillon
BAUWERK	Frauenkirche, Dresden

KLASSIZISMUS IN DEUTSCHLAND
1770-1830

MOTTO	bewusster Rückgriff auf die Antike, rationalistische Gegenbewegung zum Barock, Gedanken der französischen Revolution, Zeit der Aufklärung
TAPETEN	Holzschnitte für Tapetendrucke
FARBEN	Grau, Weiß, gebrochene bunte Farben, Zartrosa, Blaßblau
MOTIVE	Klarheit, Symmetrie, griechische Vorbilder, geradlinig, Groteske (Rankenornament mit figürlichen und tierischen Elementen), Drachen- und chinesische Motive
KÜNSTLER	Thomas Rowlandson
BAUWERK	Glyptothek, München

HISTORISMUS / BIEDERMEIER
IN DEUTSCHLAND 1815-1850

MOTTO	vom Klassizismus beeinflusst, konservatives Bürgertum, Restauration nach napoleonischer Zeit
TAPETEN	handgedruckte Bildtapeten, Farbdruck von Holzschnitten, aneinandergereiht
FARBEN	natürlich bunt, farbecht, klar
MOTIVE	romantisch, idyllisch, Natur, Landschaft und Panorama, kleine Muster
KÜNSTLER	Jean-Julien Deltil
BAUWERK	Historische Stadthalle, Wuppertal

JUGENDSTIL IN DEUTSCHLAND
1890-1910

MOTTO	gegen Historismus/ Industrialisierung, Rückbesinnung auf Natur
TAPETEN	Prägedrucktapeten, Tapetenfriese, vertäfelte Wand
FARBEN	pastellige Tertiärfarben, Gelb, Braun, Grün
MOTIVE	stark floral, organisch, rund
KÜNSTLER	William Morris, Maurice Denis
BAUWERK	Stadttheater, Bielefeld

FUNKTIONALISMUS / BAUHAUS
IN DEUTSCHLAND 1920-1950

MOTTO	nüchtern, neutral, flächig, stilistisch verschiedene Tapetendesigns
TAPETEN	Unitapeten
FARBEN	Grundtöne Blau, Rot, Gelb
MOTIVE	geometrisch präzise Stilisierung, Klarheit, Symmetrie, kubistische Formen
KÜNSTLER	Piet Mondrian, Alexander Calder, Kandinsky
BAUWERK	Bauhaus, Dessau

50ER JAHRE IN DEUTSCHLAND

MOTTO	Wiederaufbau, Wirtschaftswunder
TAPETEN	Fondtapete, Hochdruckverfahren
FARBEN	pastellige Farbigkeit, Rosé, Gelb und Hellblau
MOTIVE	zarte Linienführung, kosmopolitische und großformatige Motive
KÜNSTLER	ZERO, Walter Graeff
BAUWERK	Teepott, Warnemünde

60ER / 70ER JAHRE IN DEUTSCHLAND

MOTTO	Zeit des Umbruchs, Studentenbewegung, Mauerbau
TAPETEN	Vinyltapeten, Tiefdruckverfahren
FARBEN	starke Farbigkeit, starke Kontraste, Braun/Orange
MOTIVE	geometrische Figuren, große Muster, experimentell, psychedelische Wirkung
KÜNSTLER	Howard Kanowitz
BAUWERK	Keramion, Frechen

80ER / 90ER JAHRE IN DEUTSCHLAND

MOTTO	Lust auf Party
TAPETEN	Vinyltapete, Strukturtapete
FARBEN	Violett, Grau, Türkis
MOTIVE	außergewöhnliche Motive sowie geometrische Formen
KÜNSTLER	Angela Bulloch, Bill Viola
BAUWERK	Neuer Zollhof, Düsseldorf

2000ER / 2010ER JAHRE IN DEUTSCHLAND

MOTTO	Was tun? Rückbesinnung zur Natur
TAPETEN	Pop.up Fliesen, Panell Tapeten, XXL Tapeten, AP Pigment Color Tec
FARBEN	natürliche Farbtöne, Braun, Grün, Grau
MOTIVE	exotische und sakrale Elemente Holz- und Steinoptik
KÜNSTLER	Ai Weiwei
BAUWERK	Elbphilharmonie, Hamburg

5.2
STILE SORTIEREN – STYLEGUIDE

Über Geschmack lässt sich bekanntlich streiten. Hätte man gedacht, dass Röhrenjeans nochmal Trend werden? Oder die schrillen Tapetenmuster aus den 70er Jahren? Individuelle Vorlieben können mithilfe des Styleguides einem bestimmten Wohnstil zugeordnet werden. Diese Zuordnung hilft bei der Auswahl einer passende Tapete für die Raumgestaltung. In der Tapetenindustrie hat sich die Einteilung in vier **Stilwelten** bewährt:[24]

24 Vgl.: www. as-creation.de

01 JUNG
Verspielt und trendorientiert zeigen sich Menschen hinter diesem jungen Design. Auf der Suche nach der eigenen Identität prallen verschiedene Welten aufeinander. Ob Streetart, Großstadtträume oder kitschige Vintagelooks, der Trend macht vor nichts Halt. Das zeigt sich auch an den kontrastreichen und farbenfrohen Tapeten im Mustermix.

02 NATÜRLICH

Personen, die unter der Kategorie "Natürlich" zusammengefasst werden, achten auf Zweckmäßigkeit und Nachhaltigkeit. Die eigene Umgebung soll in natürlichen Formen, Farben und Materialien gestaltet sein. Dazu gehören florale Elemente, Materialimitationen wie Holzoptik, Schiefer, Naturstein oder Gräser.

03 DESIGNORIENTIERT

Designorientierte Menschen sind modern und individuell. Die Umgebung wird durch sachliche Formen und klares Interieur charakterisiert. Architekten verbinden neue Materialien mit originellen Ideen und bestimmen damit individuelle Inneneinrichtungen.

04 KLASSISCH

Der klassische Kunde ist traditionsbewusst und stilvoll. Die Räume erscheinen eindrucksvoll durch die Verwendung von hochwertigen Materialien. Der klassische Stil wird ebenso durch nostalgische Möbel unterstrichen.

Ⅲ *Ideen*

1. KREATIVIDEEN
KREATIV SEIN, ÜBERSTREICHBARE "RAUMKÜNSTLER",
MAGNETE ZIEHEN SICH AN

2. ANWENDUNGSIDEEN
TAPETENTRENDS SETZEN, EFFEKTE ERZIELEN,
TAPETEN AM POINT OF SALE

1. Kreativ-
ideen

„Jetzt seid doch mal kreativ", höre ich noch meinen Kunstlehrer sagen. Kreativität ist ein häufig verwendeter Begriff im Zusammenhang mit gestalterischem Schaffen. Jedoch stellt sich jede und jeder etwas anderes unter Kreativität vor. Was vielleicht im Kunstunterricht schwer fällt, entwickelt sich im Umgang mit verschiedenen Tapetenmustern spielerisch. Fasse Mut und verlasse ausgetretene Pfade, um Neues mit der Tapete zu erzielen und zu gestalten! Oder, um es mit den Worten des Bauhauslehrers Josef Albers zu sagen: „Wage weitere Varianten!"

1.1
KREATIV SEIN

Überlegst du noch oder tapezierst du schon? Neben dem klassischen Einsatz der Tapete auf der Wand sind heute weitere Ideen gefragt, um Tapeten kreativ einzusetzen.

Aus den Restbögen kann z.B. durch die japanische Falttechnik ein Origamimobilé entstehen. Originell sind ebenfalls Lampenschirme oder Lichterketten, die das Motiv von der Wand im jeweiligen Accessoire aufgreifen. Verschiedene Tapetenreste können auf Rahmen gespannt werden. Diese "Bilder" verschönern langweilige Wände. "Bilder" in unterschiedlichen Farbnuancen bieten weitere Gestaltungsspielräume. Tapeten sind überall dort einsetzbar, wo Oberflächen wirken sollen. So kann auch eine Tischoberfläche oder ein Schubladenelement mit einer Tapete gestaltet werden.

1.2
ÜBERSTREICHBARE "RAUMKÜNSTLER"

Es gibt überstreichbare Tapeten, die durch eine Art Lotuseffekt an bestimmten Stellen Farbe abperlen lassen. Die restlichen Stellen mit offenem Vlies nehmen die Farbe gut und gleichmäßig auf. So ergibt sich ein spannendes Farbspiel im Vintage-Stil. Neben der Überstreichbarkeit haben einige Tapeten durch Tiefenprofile eine schallabsorbierende Wirkung. Der "Raumkünstler" hat nicht nur die Möglichkeit, die Tapete mit einem individuellen Farbton zu gestalten, es stehen ihm auch eine Vielzahl an klassischen, floralen oder ornamentalen Motiven zur Verfügung.

MERKE:

Überstreichbare Tapeten gibt es in vielen verschiedenen Varianten. Um stets die richtige Verarbeitungsmethode zu finden, haben wir im Service-Bereich unserer Website die wichtigsten Hinweise zum Thema "Überstreichbare Tapeten" zusammengefasst:

www.as-creation.de/service/tapeten beratung-und-verarbeitung/ueberstreichbare-tapeten.html

1.3
MAGNETE ZIEHEN SICH AN

Damit Bilder und Zeichnungen nicht mehr durchstochen werden müssen und die Einkaufsliste immer gut sichtbar hängt, gibt es magnetische Wandbeläge. *Magnetic Acoustic Pads* bieten zwei Funktionen in einem: Sie besitzen einen trendigen Wollüberzug, wirken dadurch lärmabsorbierend und können gleichzeitig als gestalterisches Element im Innenraum eingesetzt werden.

Wer lieber großflächige Wände für Präsentationen oder Fotoanordnungen haben möchte, kann mit dem *Pop.up Panel magnetic* Ordnung und Gestaltung vereinen. Die Druckfarbe der Magnetic Tapete enthält kleinste Metallpigmente, die die magnetische Anziehung herstellen. Metalltapeten sind längst nicht nur weiß, sondern auch dezent strukturiert oder gefärbt in silber, gold, kupfer, champagner oder schwarz.

2. Anwendungsideen

Es war einmal ein Stück Papier, das fortging, um den Innenraum zu verschönern … Aus dem Papier entwickelte sich im Lauf der Zeit eine neuartige Wandbekleidung. Sich in diesem Kapitel anschließende Ideen zeigen, dass eine Tapete ebenso in der Anwendung auf der Wand vielfältig und ausdrucksstark sein kann. Es lassen sich Trends setzen, Effekte erzielen und am Point of Sale coole Eyecatcher installieren.

2.1
TAPETENTRENDS SETZEN

Was haben *Albrecht Dürer* und *Werner Aisslinger* gemeinsam? Die beiden trennen sechs Jahrhunderte und sehr unterschiedliche Haltungen. Albrecht Dürer (1471-1528) erstellte im kaiserlichen Auftrag Holzschnitte als Vorlage für Tapeten.[1] Über die Jahrhunderte haben sich viele Künstler und Designer mit wohnlichen Gestaltungskonzepten auseinandergesetzt und passende Motive erstellt. *William Morris* (1834-1896) entwarf über 30 Jahre Tapetendesigns, vor allem florale Formen in weichen Pastelltönen.[2] Eher kraftvoll strukturiert setzt heutzutage der renommierte Produkt- und Interior-Designer Werner Aisslinger seine Designs in Szene. Er verbindet die Gegensätze von Natur und städtischem Leben mit kräftigen Farben.[3] Immer mehr Designer setzen auf den Trend der Tapete und erstellen spezielle Kollektionen. Darunter zählt auch der Architekt und Designer *Hadi Teherani*, der „Wände nicht als Begrenzung, sondern als Spielfläche für Ideen"[4] sieht. In seiner Kollektion mit minimalistischen Designs zeigt er, dass sich „Struktur und Form in monochromen Oberflächen nicht ausschließen müssen".[5]

1/2 Vgl.: Hapgood S. 15

3 Vgl.: www. as-creation. de

4/5 Vgl.: www. haditeherani. com

EXKURS:

Auf der Internetseite des Deutschen Tapeten-Instituts werden die Top 100 der Tapeten verschiedener Hersteller gezeigt. Des Weiteren kann ein Newsletter zu aktuellen Trends und Wissenswertem rund um die Tapete bestellt werden.[6]

Diese Informationen finden Sie unter:
www.tapeten.de

6 Vgl.: www. tapeten.de

2.2
EFFEKTE
ERZIELEN

2.2.1
PANELS DIGITAL UND
HANDGEDRUCKT

Als Produktneuheit gelten Design Panels. Durch die selbstklebenden Dekopanels lassen sich einzelne Wandpassagen individuell aufwerten und geben so dem Raum eine neue Anmutung. Die Maße eines Panels sind auf 2 bis 3 m Länge und 0,35 m bis 0,7 m Breite beschränkt. Sie lassen sich schnell und einfach an die Wand anbringen. Zuerst wird die Schutzfolie abgezogen, das Panel an die gewünschte Stelle positioniert und abschließend mit einem Stofftuch an die Wand gedrückt. Fertig ist ein neues Highlight im Raum. Panels gibt es mittlerweile in vielen individuellen Designs. Darunter befinden sich auch *Pop.up Fliesen* für Bad und Küche. Durch die selbstklebenden Panels können Oberflächen individuell gestaltet werden.

2.2.2
DREIDIMENSIONAL ERLEBEN

Strahlende Farbwechseleffekte und fühlbare Strukturen lassen Vliestapeten mit natürlichen Oberflächen wie Quarzitsand dreidimensional glänzen. Es gibt unterschiedliche Strukturen mit groben, mittleren und feinen Quarzsandkörnungen. Durch Überstreichen mit lasierenden oder deckenden Farben können unterschiedliche Farbeffekte hergestellt werden. Besondere Tapetenmanufakturen haben sich auf individuelle Material- und Formkombinationen spezialisiert. Hier sind der eigenen Kreativität keine Grenzen gesetzt. Mit unterschiedlichen Materialien, wie Glaskügelchen, Blattgold, Sand, Metallen oder Leder, wird oft nach Kundenwunsch lange experimentiert, bis ein gewünschter Effekt umgesetzt werden kann. Auch klassische Handwerkstechniken wie Schablonieren, Spachteln oder Tupfen können zum Einsatz kommen.

Auf jeden Fall steht am Ende ein **Tapeten-Unikat** in einer ausgesprochen individuellen und luxuriösen dreidimensionalen Anmutung, die eine außerordentliche Raumwirkung erzielt.

2.2.3
AKTUELLE TAPETENTRENDS

Stillstand bedeutet Rückschritt – so bringen geome-
trische Formen und Figuren, verschlungene Linien,
tosende Wellen sowie fantasievolle Netzstrukturen
den Raum mit ihrer sprudelnden Dynamik in Bewegung. Bizarr, markant, schrill, futuristisch, fantastisch
– die modernen Tapetenkollektionen sind Kunst.
Dreidimensionale Strukturen werden zu optischen
Täuschungen und avancieren zu Illusionen. Wirk-
lichkeit und Fantasie vermischen sich und lassen
Spielraum für individuelle Interpretationen. Die
Eyecatcher dieser Tapetenkollektion mit impulsiver
3D-Optik in den Trendfarben Rostrot, Petrolblau,
Ockergelb und Edelmetalltönen lassen die Herzen
der Fans dynamischer Raumbewegung pulsieren.

2.2.4
FOTOTAPETEN

Der letzte Urlaub liegt länger zurück, es bleiben nur Fotos auf dem Computer. Warum nicht eine solch schöne Erinnerung in den Wohnraum integrieren? So bleibt alles frisch und lebendig, wenn eine eigene Fototapete die Wand im Wohnzimmer ziert. Vom atemberaubenden Sonnenuntergang bis zum Zauberwald sind der Motivauswahl keine Grenzen gesetzt. Fototapeten sind digital gedruckte Tapeten, die entweder selbst erstellt oder aus einer Vielzahl an kreativen Motiven ausgesucht werden können.

2.3
TAPETEN AM POINT OF SALE

Wenn Kinder sich die Nase am Schaufenster plattdrücken, hat das Werbekonzept funktioniert. Das Schaufenster ist im digitalen Zeitalter noch längst nicht aus der Mode gekommen. Im Gegenteil: Twitter Hashtags (#) werden auf die großen Glasflächen gut leserlich verklebt, um sofort twittern zu können und immer auf dem neuesten Stand zu bleiben. Damit auch die Eltern der Nase-platt-drückenden Kinder in den Laden kommen, sollte der Point of Sale (POS) eine ansprechende Gestaltung aufweisen. Der POS kennzeichnet das Geschehen und die Situation am Ort des Verkaufens. Dazu gehört das Schaufenster, der Empfangsbereich und der Verkaufsraum eines Geschäfts.

Alle Bereiche sollten gestalterisch aufeinander abgestimmt werden. Das Schaufenster dient als Vorzeigeschild eines Geschäfts. Es sollte die Aufmerksamkeit des Betrachters wecken und den sogenannten „must have"-Drang auslösen (AIDA Formel s. S. 111). Die Produkte stehen im Vordergrund und sollten passend in Szene gesetzt werden. Dies kann zum einen durch tapezierte Aufbauelemente wie Podeste erfolgen. Zum anderen können ansprechend gestaltete Rückwände der Gestaltung den letzten Schliff geben und die Raumwirkung entsprechend unterstützen.

MERKE: AIDA Formel

A - Attention (Aufmerksamkeit):
Durch Botschaft/ Gestaltung die Bereitschaft zum Wahrnehmen erzeugen

I - Interest (Interesse):
Durch einen Anknüpfungspunkt an die Lebenswelt des Betrachters wird Interesse geweckt

D - Desire (Verlangen):
Nach dem zweiten Blick und ausführlichen Informationen steigt das Verlangen zum „Will ich haben"- Effekt

A - Action (Kaufakt):
Konkrete Kaufhandlung bewirken[7]

7 Vgl.:
Behrens
S. 280

IV *Vermittlung*

1. GRUNDLAGENVERMITTLUNG
SIGMA-MILIEUS®, DAS MOOD-/MATERIALBOARD

2. LERNFELDVERMITTLUNG
ARBEITSAUFTRAG ALLE AUSBILDUNGSBERUFE,

ARBEITSAUFTRAG MALER/INNEN UND LACKIERER/INNEN (LF 9),

ARBEITSAUFTRAG MALER/INNEN UND LACKIERER/INNEN (LF 9)

UND RAUMAUSSTATTER/INNEN (LF 8),

ARBEITSAUFTRAG RAUMAUSSTATTER/INNEN (LF 8),

ARBEITSAUFTRAG GESTALTER/INNEN FÜR

VISUELLES MARKETING (LF 12)

1. Grundlagen-
vermittlung

1 Vgl.:
Busch (Band 1)
S. 220

„Also lautet ein Beschluss, dass der Mensch was lernen muss".[1] Im Mittelpunkt der Aufgaben steht häufig ein Kundenauftrag. Die sogenannten Gestaltungsgrundlagen, die sich mit dem Ausmischen von Farbreihen und dem Anordnen von sogenannten Farb- und Formkontrasten erschöpfen, helfen nicht wirklich weiter. In Kapitel zwei „Visualisierung" wurden Grundlagen der Raumgestaltung vorgestellt. Wichtig ist, dass die Gestalterin / der Gestalter sich ein Bild von seinem Kunden macht und sich in einem sensiblen Umgang mit Materialien, Farben, Mustern usw. schult. Dies sind weitere gestalterische Grundlagen, die in der handwerklichen Praxis weiterhelfen und auf die im Folgenden näher eingegangen werden soll.

1.1

SIGMA-MILIEUS®

Was unterscheidet den Wohnraum meiner Oma von meinem? Oder wie finde ich eine passende Gestaltungsidee für den neuen Laden meines Freundes? Tapetenhersteller möchten individuelle Stile aufspüren, um Designs für das Wohnambiente zu erstellen. Zu jedem Stil gibt es eine Zielgruppe, oder andersherum, jede Zielgruppe in der Gesellschaft fühlt sich zu einem bestimmten Stil hingezogen. In der Konsumgüterherstellung arbeiten viele Firmen mit sogenannten "SIGMA-Milieus®".

2 Vgl.: www. sigma-online. com

Sigma[2] ist ein Institut, das Zielgruppen analysiert und nach einem bestimmten Schema gliedert. Eine Zielgruppe hat eine bestimmte Gewohnheit, feste Umgebungsbedingungen und vor allem bestimmte Einstellungen, Motivationen und Bedürfnisse im Leben.

Alle Milieus werden in einem sogenannten Kartoffel-Diagramm aufgeführt. Auf der y-Achse wird der soziale Status (Zusammenfassung demografischer Werte), auf der x-Achse die grundsätzliche Werteorientierung wiedergegeben. Diese repräsentiert unter anderem die unterschiedlichen Lebensstile, Wunsch- und Leitbilder sowie die Einstellung gegenüber Arbeit und Leistung.

Bevor Sie einen Kundenauftrag bearbeiten, müssen Sie sich ein Bild von Ihrem Kunden machen. Es gehört somit zu den Grundlagen der Gestaltung sich entsprechend zu informieren. Im Zusammenhang einer Gestaltung mit Tapeten hilft zur ersten Einschätzung der Kunden der Styleguide von A.S. Création (s. S. 94).

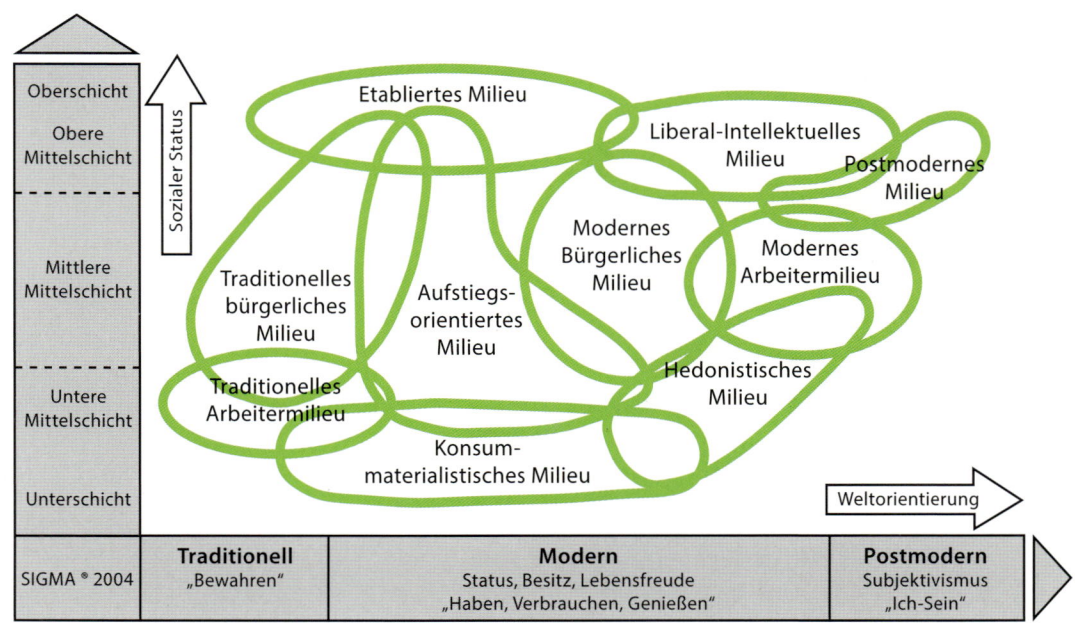

Kartoffel-Diagramm der SIGMA-Milieus®[3]

3 Vgl.: www. sigma-online. com

1.2
DAS MOOD-/ MATERIALBOARD

Die Basis für eine angemessene Gestaltung mit Tapeten im Innenraum bietet der Einsatz eines Mood-/ Materialboards. Einleitend werden hier die wichtigsten Schritte zum Erstellen dieses Gestaltungsmittels beschrieben.

01
Sammeln Sie vielfältige Materialien und Muster (Farbtonkarten, Stoffe, Bodenbeläge, Wandbeläge usw.), die bei der Gestaltung von Innenräumen eingesetzt werden. Tapetenmuster (s. Anhang) können auch online ausgewählt, ausgedruckt oder bestellt werden (*www.newwalls.as-creation.com/ tapetensuche*).

02
Es gehört ebenso zur Vorbereitung, dass Sie umfangreiches Bildmaterial von Einrichtungsgegenständen (Tische, Stühle, Sessel, Lampen usw.) vorliegen haben. Bei der Erstellung einer solchen Sammlung helfen z.B. Einrichtungskataloge und Möbelprospekte.

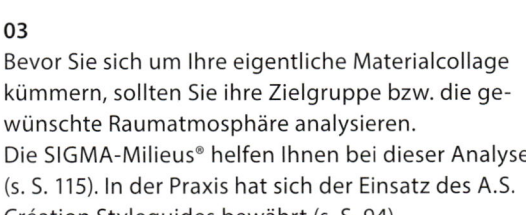

03

Bevor Sie sich um Ihre eigentliche Materialcollage kümmern, sollten Sie ihre Zielgruppe bzw. die gewünschte Raumatmosphäre analysieren.
Die SIGMA-Milieus® helfen Ihnen bei dieser Analyse (s. S. 115). In der Praxis hat sich der Einsatz des A.S. Création Styleguides bewährt (s. S. 94).

05

Das Fertige Mood-/ Materialboard wird präsentiert und dient als Diskussionsgrundlage für eventuelle Änderungen.

04

Auf einem stabilen Zeichenkarton (DIN A2) werden die gewünschten Materialen und Fotos angemessen arrangiert. Bitte achten Sie darauf, dass Bodenbeläge unten, Wandbekleidungen in der Mitte und Deckenfarbtöne oben auf dem Karton angebracht werden. Es sollten immer die Materialien aneinander gelegt werden, die auch im Raum „aneinander liegen". Ebenso ist auf eine realistische Flächenaufteilung zu achten.

2. Lernfeld- vermittlung

4 Vgl.:
Busch
(Band 5)
S. 249

Doch das größte Lob wird die verdienen, die Tapeten kauft und gestaltet mit ihnen (frei nach Wilhelm Busch).[4]

Nun schließen sich Lernfeldaufgaben zum Thema an. Hier bietet sich die Möglichkeit, Fachwissen in konkreten Lernsituationen anwenden zu können. Der Umgang mit Tapeten bedarf neben einer entsprechenden technologischen Kompetenz auch einer ausgesprochen gestalterischen Professionalität, die in den folgenden Aufgaben abgefragt werden soll. Die Aufgaben sind auf die Berufe Maler/innen und Lackierer/innen, Raumausstatter/innen und Gestalter/innen für Visuelles Marketing zugeschnitten. Auch wenn die Lernsituationen spezifisch zugeordnet sind, könnten (oder besser: sollten) alle Aufgaben in jedem der genannten Ausbildungsberufe bearbeitet werden. Die formulierten Kundenaufträge erheben nicht den Anspruch, alle Inhalte eines Lernfeldes abzudecken. Es werden sehr spezifische Lernsituationen genannt, die Raum für weitere Fragen und Aufgaben bieten.

2.1
ARBEITSAUFTRAG
ALLE AUSBILDUNGSBERUFE

Im Rahmen Ihres Unterrichts an der Berufsschule sollen Sie hin und wieder umfangreiche Arbeitsaufträge bearbeiten. Damit Sie diese Aufträge bearbeiten können, ist es ratsam, sich an die sogenannte „vollständige Handlung des Arbeitsprozesses" zu halten. Die einzelnen Schritte einer solchen Handlung orientieren sich an der Leittextmethode. (In der Regel orientieren sich Leittexte an einem Arbeitsprozess in sechs Schritten.) Die Schritte verlaufen von **Informieren** über **Planen, Entscheiden, Ausführen, Kontrollieren** zum **Bewerten**. Diese sechs Schritte sehen Sie in der hier abgebildeten Grafik.[5] Selbst bei kleinen Arbeitsabläufen helfen Ihnen diese Schritte professionell und effektiv Aufträge zu bearbeiten. Bei „großen" Kundenaufträgen werden allerdings die unterschiedlichen Phasen zum Teil von verschiedenen Personen eines Unternehmens durchgeführt.

5 Vgl.: Bonz S. 147 ff

AUFGABEN

1. Schauen Sie sich gemeinsam mit Ihrem / Ihrer Banknachbarn/in die nebenstehende Grafik an. Formulieren Sie für jede Arbeitsphase eine konkrete Frage, die Ihnen dabei hilft den jeweiligen Schritt zu bearbeiten!

2. Nennen und beschreiben Sie in Stichworten umfangreiche (Kunden-)Aufträge aus Ihrer betrieblichen Praxis!

3. Welche Personen (z.B. Auszubildende, Geselle, Meister usw.) sind in Ihrer Firma für die einzelnen Arbeitsschritte bei „großen" (Kunden-)Aufträgen verantwortlich?

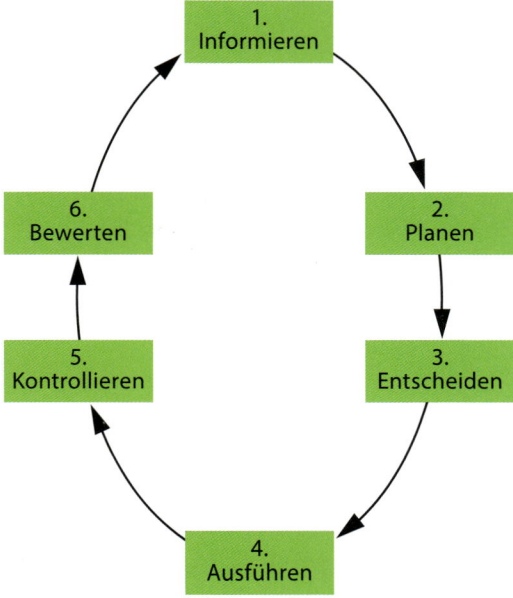

Die sechs Phasen der Leittextmethode bzw. der sogenannten vollständigen Handlung.[6]

6 Vgl.: Pätzold S. 178

2.2
ARBEITSAUFTRAG
MALER/INNEN UND LACKIERER/INNEN (LF9)

CHARAKTERISIERUNG

Die Eltern Uta und Tomek Majewski aus Berlin sowie ihre 12-jährige Tochter richten gemeinsam deren neues Jugendzimmer ein. Lea ist total von Pferden begeistert und mag immer die modernsten Klamotten. Der Wohnstil für diesen Raum lässt sich gut mit der Stilrichtung „Jung" aus dem A.S. Création Styleguide beschreiben. Zusätzlich sollen zu den bereits ausgesuchten neuen Möbeln auch die Wände neu gestaltet werden. Lea möchte hierfür gerne „coole" Tapeten, die auch etwas mit ihrem Hobby, dem Reiten, zu tun haben.

OBJEKTBESCHREIBUNG UND ARBEITSAUFTRAG

Leas Eltern haben bereits die alten Tapeten entfernt. Der Gipsputz (Putzmörtelgruppe P IV) weist an machen Stellen kleine Löcher auf. Ab und an sind feine Haarrisse in der Putzoberschicht zu erkennen. Die Wandflächen müssen für die Tapezierung fachgerecht vorbereitet werden. Eine Wandfläche soll mit einer Digitaldrucktapete tapeziert werden, die Leas Hobby aufgreift. Die weiteren Wandflächen sollen auf diese Wand abgestimmt gestaltet werden. Ebenso soll die Tapetenauswahl die Möblierung berücksichtigen. Diese Möbel sind auf dem hier abgebildeten Foto zu sehen. Vor der Ausführung wünscht sich Familie Majewski eine ausführliche Beratung.

ARBEITSMATERIALIEN

Neben Ihren üblichen Schreib- und Schulsachen benötigen Sie zur Bearbeitung dieser Aufgabe:

· einen Zeichenkarton oder eine Kapalineplatte (DIN A2) zum Erstellen des Mood-/ Materialboards
· Sammlungen von Farbtonkarten, Bodenbelägen, Stoffen, Tapetenmustern usw.
· Sammlungen von Möbelfotos bzw. Wohnzeitschriften und Möbelprospekten

· Stecknadeln, Klebstoff und Schere zum Ausschneiden und Befestigen Ihrer Muster auf dem Zeichenkarton
· Internetverbindung zur Seite: *www.tapetenshop.de*
· BFS Merkblatt Nr. 16

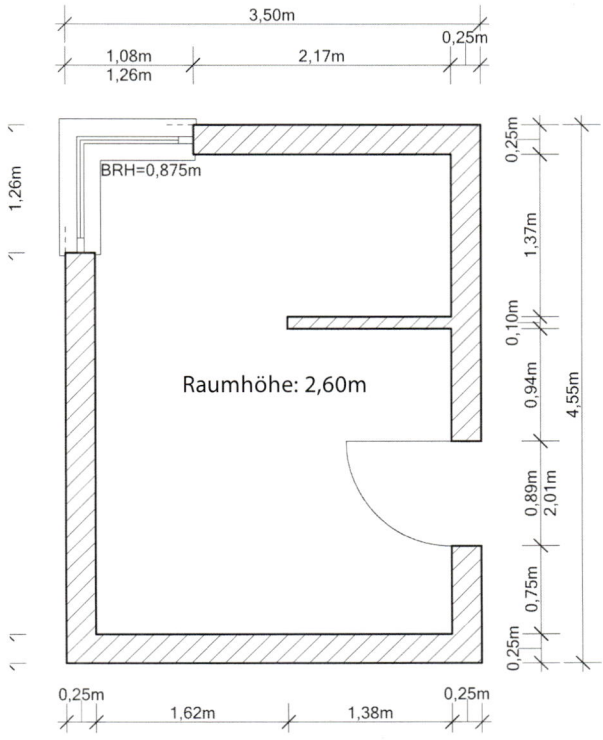

Raumhöhe: 2,60m

BRH=0,875m

TIPP:

Suchen Sie im Internet nach Bildern zum Thema Pferde und Reiten. Arbeiten Sie mit diesen Bildern weiter, indem Sie diese verfremden (verkleinern, vergrößern, vereinfachen, umfärben usw.). Arbeiten Sie beispielsweise mit Piktogrammen zu diesem Thema. In dem Buch „Piktogramme und Icons: Pflicht oder Kür?" von Rayan Abdullah (Mainz 2005) finden Sie hierzu interessante Überlegungen.

AUFGABEN

1. a) Welche sieben Merkmale muss der Putzuntergrund aufweisen, damit darauf tapeziert werden darf (s. S. 19)?
b) Wie stellen Sie die ungleichmäßige Saugfähigkeit von Putzen fest?
c) Wie entfernen Sie Sinterschichten?
d) Welche Werkzeuge und welches Material benötigen Sie, um die Löcher und die Risse in den Wandflächen zu beseitigen?

2. a) Nennen Sie sieben Werkzeuge zum Tapezieren und beschreiben Sie deren Verwendung!
b) Nennen Sie die einzelnen Arbeitsschritte, wie eine Vliestapete (mit Muster) tapeziert werden muss!

3. a) Markieren Sie in dem Grundriss die Wandfläche, die Sie mit der Digitaldrucktapete gestalten möchten!
b) Welche besonderen Vorarbeiten müssen auf der Wandfläche für die Digitaldrucktapete ausgeführt werden?
c) Zeichnen Sie diese Wandfläche im Maßstab 1:10 (M 1:10) und entwerfen Sie in diesem Maßstab eine individuelle Digitaldrucktapete für Lea. Berücksichtigen Sie Leas Hobby „Reiten" und ihren Wohnstil „Jung". Den Entwurf können Sie per Hand zeichnen oder am Computer (mit Photoshop/ Illustrator/ CoralDRAW usw.) umsetzen.
d) Berechnen Sie den Rollenbedarf für die Wände, die mit der Vliestapete tapeziert werden sollen (s. S. 34).

4. a) Nehmen Sie Ihren Entwurf der Digitaldrucktapete als Grundlage für Ihr Mood-/ Materialboard. Erstellen Sie ein entsprechendes Stimmungsboard mit weiteren Materialien und Tapeten, die Sie als angemessen für den Raum empfehlen (s. S. 116 und Tapetenmuster im Anhang).
b) Stellen Sie in einem Rollenspiel die Präsentation ihres Mood-/ Materialboards der Klasse vor. Drei Mitschüler/innen spielen Familie Majewski und Sie sind die Fachfrau/ der Fachmann. Beschreiben und begründen Sie dieser „Familie" Ihre Überlegungen. Ebenso beantworten Sie natürlich die Fragen Ihrer „Kunden".

2.3
ARBEITSAUFTRAG
MALER/INNEN UND LACKIERER/INNEN (LF9)
UND RAUMAUSSTATTER/INNEN (LF8)

CHARAKTERISIERUNG

Ab Seite 86 in diesem Buch erfahren Sie etwas über verschiedene Stile aus den vergangenen Epochen und Jahrzehnten. Ihr Ausbildungsbetrieb möchte gerne aktuelle Wandoutfits mithilfe der abgebildeten Designklassiker (Stühle und Sessel) in seinem Showroom präsentieren.

ARBEITSAUFTRAG UND OBJEKTBESCHREIBUNG

Jedes der fünf Möbelstücke soll sehr ausdrucksstark vor und auf einer angemessenen Tapezierung inszeniert werden. Dabei soll die ausgewählte Tapete neben den Wandflächen auch die Bodenflächen bedecken (s. Fotos S. 101). Zusätzlich sollen passende Leuchten zu den Möbeln und Tapeten präsentiert werden. Sie sollen für das Vorhaben Ihres Chefs fünf Gestaltungsentwürfe auf je einer DIN A3 Seite erstellen.

ARBEITSMATERIALIEN

Neben Ihren üblichen Schreib- und Schulsachen benötigen Sie zur Bearbeitung dieser Aufgabe:

· fünf Zeichenkartons (DIN A3) auf denen Ihre Entwürfe aufgebracht werden sollen
· Sammlung von Tapetenmustern bzw. eine Internetverbindung zur Seite: *www.tapetenshop.de*
· die Möglichkeit farbig auszudrucken
· Klebstoff und Schere zum Ausschneiden und Befestigen Ihrer Entwürfe auf dem Karton
· Internetverbindung zur Seite: *www.design-museum.de*

EXKURS:

Einen Überblick über die sogenannten Designklassiker erhalten Sie unter: *www.design-museum.de/de/sammlung/100-masterpieces.html*

Vielfältige Tapetenmuster mit umfangreichen Verarbeitungshinweisen finden Sie unter: *www.tapetenshop.de*

01

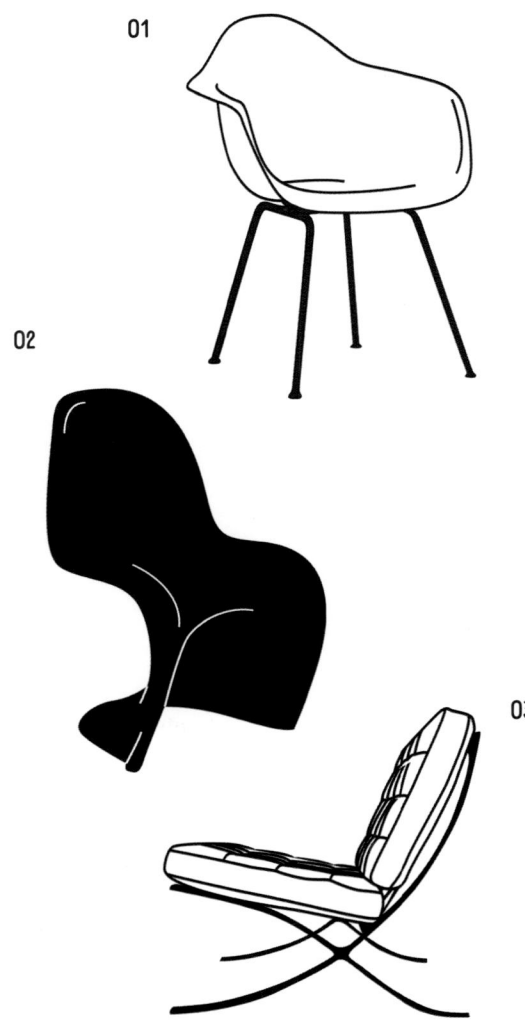

02

03

04

05

AUFGABEN

1. Informieren Sie sich auf der Internetseite *www.design-museum.de* unter dem Abschnitt „100 Masterpieces" über die abgebildeten Möbelstücke.
   a) Von wem wurden die einzelnen Möbelstücke entworfen?
   b) Welche Bezeichnungen („Namen") haben diese Designklassiker?
   c) Wann wurden diese Möbelstücke entworfen?

2. Ordnen Sie jede Sitzgelegenheit einem der vier A.S. Création Wohnmilieus (natürlich/ jung/ klassisch/ designorientiert) zu.

3. Recherchieren Sie auf der Internetseite *www.tapeten-shop.de* nach einem angemessenen Tapetendesign für jeden der fünf Designklassiker (s. auch Tapetenmuster im Anhang). Drucken Sie die ausgewählten Muster aus und begründen Sie ihre Entscheidung schriftlich. Pro Möbelstück können auch mehrere Muster ausgewählt werden.

4. Recherchieren Sie nach passenden Leuchten für ihre ausgewählten Tapeten-Möbelkombinationen. Drucken Sie die fünf Designklassiker (s. *www.design-museum.de*) und die ausgewählten Leuchten aus und präsentieren Sie diese gemeinsam mit den Tapetenmustern pro Möbelstück auf einer DIN A3 Seite.

5. Präsentieren und vergleichen Sie nunmehr ihre Entwürfe für den Showroom mit denen Ihrer Mitschülerinnen und Mitschülern. Diskutieren Sie die unterschiedlichen Lösungen.

2.4
ARBEITSAUFTRAG
RAUMAUSSTATTER/INNEN (LF8)

CHARAKTERISIERUNG

Frau Meier aus Herne ist mittlerweile 80 Jahre alt und kann nicht mehr so gut laufen. Sie und ihr Mann haben entschieden, das Gästezimmer im Erdgeschoss umzufunktionieren und ihr dort ein separates Schlafzimmer einzurichten. Das höhenverstellbare Krankenbett und weiteres Mobiliar wurden bereits geliefert und aufgebaut. Trotzdem wirkt der Raum unpersönlich und kalt.

Frau Meier wünscht sich, dass persönliche Erinnerungsstücke wie zum Beispiel viele Fotos von Ihrer Familie in diesem Raum einen Platz finden. Außerdem legt Frau Meier, als gelernte Schneiderin, bei der Raumgestaltung großen Wert auf Gardinen und Kissen. Frau Meier bevorzugt nach dem A.S. Création Styleguide einen klassischen Stil.

ARBEITSAUFTRAG UND OBJEKTBESCHREIBUNG

Bei dieser Aufgabe liegt der Schwerpunkt auf den gestalterischen Inhalten. Alle notwendigen Untergrundvorarbeiten (Entfernen der alten Tapezierung, Glätten der Wandflächen usw.) wurden bereits durchgeführt und es liegt ein sauberer und tragfähiger Untergrund vor. Der zu gestaltende Raum wird mit den Möbeln ausgestattet, die auf dem Foto zu sehen sind. Ebenso liegt der Bodenbelag (Parkett Eiche hell) wie abgebildet vor. Die gezeigten Gardinen möchte Frau Meier allerdings erneuern und auf die neue Tapezierung und Gestaltung der Wände abstimmen.

ARBEITSMATERIALIEN

Neben Ihren üblichen Schreib- und Schulsachen benötigen Sie zur Bearbeitung dieser Aufgabe:

· zwei Zeichenkartons oder Kapalineplatten (DIN A2) zum Erstellen der Mood-/ Materialboards
· Sammlungen von Farbtonkarten, Bodenbelägen, Stoffen, Tapetenmustern usw.
· Sammlungen von Möbelfotos
· Stecknadeln, Klebstoff und Schere zum Ausschneiden und Befestigen Ihrer Muster auf Karton
· Internetverbindung zur Seite: *www.tapetenshop.de*

AUFGABEN

1. Arbeiten Sie bei dieser ersten Aufgabe in Gruppen von zwei bis vier Personen.

   a) Welche Tapeten (Muster, Farben, Qualitäten) würden Sie für das Schlafzimmer von Frau Meier empfehlen? Berücksichtigen Sie hierbei den Wunsch von Frau Meier, Familienfotos in die Gestaltung mit einzubeziehen. Erstellen Sie unter Berücksichtigung der Visualisierungsprinzipien aus diesem Buch (s. S. 67ff) sowie der obigen Vorgaben zwei verschiedene Mood-/ Materialboards (s. S. 116f). Denken Sie auch an einen angemessenen Stoff für Gardinen und Kissen.

   b) Präsentieren Sie die beiden Mood-/ Materialboards vor der Klasse und begründen Sie Ihre gestalterischen Überlegungen.

2. a) Entscheiden Sie sich in Anlehnung an ein Mood-/ Materialboard aus Aufgabe 1 für eine weitere unifarbene Tapete, die sich ebenso für das Schlafzimmer anbieten würde.

   b) Entwerfen Sie zu dieser Tapete im Maßstab 1:10 (M 1:10) eine „passende" Bordüre (Höhe 15 cm/ Länge min. 40 cm), die die Farben- und Formensprache von William Morris aufgreift.

   · Informieren Sie sich vorab über die gestalterischen Arbeiten von William Morris (z.B. unter *www.william-morris.co.uk*).

   · Suchen Sie sich entsprechende Motive für Ihre Aufgabe heraus.

   · Entwickeln Sie aus diesen Motiven durch Verfremdung, Stilisierung oder sonstige Interpretationen die angemessene Bordüre für das Schlafzimmer von Frau Meier.

   · Sie können die Bordüre per Hand zeichnen oder am Computer (mit Photoshop/ Illustrator/ CoralDRAW usw.) umsetzen.

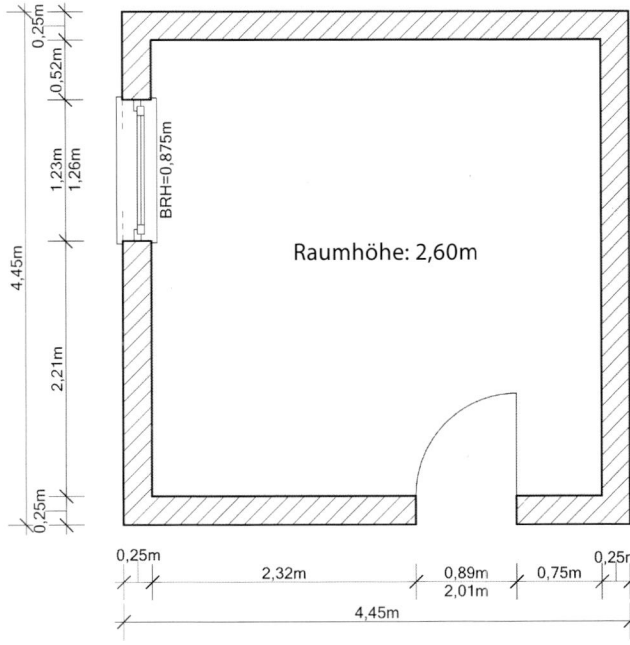

2.5
ARBEITSAUFTRAG
GESTALTER/INNEN FÜR VISUELLES MARKETING (LF12)

CHARAKTERISIERUNG

Eine neue Tapetenkollektion von A.S. Création kommt auf den Markt und soll in einer großen Baumarktkette beworben werden. Die neuen Tapeten sollen sehr markant in den Märkten präsentiert werden, damit diese vielen Baumarktkunden auffallen.

ARBEITSAUFTRAG UND OBJEKTBESCHREIBUNG

Es sollen zwei verschiedene Ausstellungsflächen an einer wichtigen Stelle im Baumarkt aufgebaut werden. Auf jeder Fläche sollen Tapeten aus einer der vier Stilwelten aus dem A.S. Création Styleguide vorgestellt werden. Für die Präsentation steht Ihnen jeweils eine Grundfläche von 2,00 x 2,00 m zur Verfügung. Auf dieser Fläche dürfen Sie sehr frei die neuen Kollektionen zur Geltung bringen. Sie können beispielsweise sehr traditionell mit Podesten, Rückwänden und Einrichtungsgegenständen entsprechende Raumsituationen inszenieren. Allerdings sind auch neue unkonventionelle Inszenierungen mit Deckenhängern, Monitoren, Lichtinstallationen, Floorgraphics oder Ähnlichem denkbar.

ARBEITSMATERIALIEN

Neben Ihren üblichen Schreib- und Schulsachen benötigen Sie zur Bearbeitung dieser Aufgabe:

· zwei Zeichenkartons oder Kapalineplatten (DIN A2) zum Erstellen der beiden Mood-/Materialboards
· Sammlungen von Farbtonkarten, Bodenbelägen, Stoffen, Tapetenmustern usw.
· Sammlungen von Möbelfotos bzw. Wohnzeitschriften und Möbelprospekten
· Stecknadeln, Klebstoff und Schere zum Ausschneiden und Befestigen Ihrer Muster auf dem Zeichenkarton
· Computer mit 3-D Programm wie zum Beispiel Vector Works oder Google SketchUp
· Internetverbindung zur Seite: *www.tapetenshop.de*

AUFGABEN

Bearbeiten Sie diese Aufgaben in Partnerarbeit!

1. a) Setzen Sie sich zuerst mit der Produktpalette
   von A.S. Création auseinander und informieren
   Sie sich in diesem Buch über den Styleguide (s. S. 94).
   b) Fahren Sie zu einem Baumarkt in Ihrer Nähe
   und machen Sie Fotos von Sonderausstellungs-
   flächen. Wie werden andere Produkte präsentiert und inszeniert? Welche Schriften werden
   wie eingesetzt? Wo werden Produkte aufgebaut?
   Präsentieren und diskutieren Sie Ihre Ergebnisse
   mit Ihren Mitschülerinnen und Mitschülern.

2. a) Entscheiden Sie sich nun für zwei von vier
   Wohnwelten (jung, natürlich, klassisch, designorientiert). Erstellen Sie zwei Mood-/ Materialboards zu den ausgesuchten Wohnwelten.
   Berücksichtigen Sie hierbei sowohl Farbstim-
   mung, Material für die Wand-, als auch Bodenge-
   staltung (s. Tapetenmuster im Anhang).
   Die Ausstellungsfläche darf ebenfalls mit Möbeln
   oder anderen Objekten „eingerichtet" und span-
   nend gestaltet werden. Denken Sie auch an eine
   aussagekräftige Beschriftung.
   b) Erstellen Sie je einen Entwurf für die Ausstellungsfläche mit einem 3-D Programm wie
   zum Beispiel Vector Works oder Google
   SketchUp.
   c) Präsentieren Sie anschließend Ihre Ergebnisse
   in der Klasse! Vergleichen und diskutieren Sie die
   unterschiedlichen Lösungen!

V

V Anhang

1. LITERATUR-VERZEICHNIS

BÜCHER

BAUMGART/MÜLLER/ZEUGNER:
„Farbgestaltung. Baudekor, Schrift, Zeichnen". Cornelsen Verlag. Berlin. 1996. (8)

BEHRENS, GEROLD:
„Werbung; Entscheidung - Erklärung - Gestaltung". Verlag Franz Vahlen. München. 1996. (7)

BIERMANN/KLINKHARDT:
„Tapeten. Ihre Geschichte bis zur Gegenwart. Band III". Klinkhardt & Biermann Verlag. Braunschweig. 1969. (1, 2, 3) (18, 21)

BUNDESAUSSCHUSS FARBE UND SACHWERT-SCHUTZ E.V.:
„Merkblatt Nr. 8: Innenbeschichtungen, Tapezier- und Klebearbeiten auf Betonflächen mit geschlossenem Gefüge". Frankfurt am Main. 2012. (15)

BUNDESAUSSCHUSS FARBE UND SACHWERT-SCHUTZ E.V.:
„Merkblatt Nr. 10: Beschichtungen, Tapezier- und Klebearbeiten auf Innenputz". Frankfurt am Main. 2012. (18)

BUNDESAUSSCHUSS FARBE UND SACHWERT-SCHUTZ E.V.:
„Merkblatt Nr. 16: Technische Richtlinien für Tapezier und Spannarbeiten innen". Frankfurt am Main. 2013. (23, 24, 25, 27, 31)

BUSCH, WILHELM:
„Gesammelte Werke in sechs Bänden". Xenos Verlagsgesellschaft. Hamburg. 1982 (1, 4)

BONZ, BERNHARD:
„Methoden der Berufsausbildung; Ein Lehrbuch". Hirzel. Stuttgart. 1999. (5)

CAUSSE, JEAN-GABRIEL:
„Die unglaubliche Kraft der Farben". Carl Hanser Verlag. München. 2014. (11a)

DEUTSCHES INSTITUT FÜR GÜTESICHERUNG UND KENNZEICHNUNG E.V.:
„Grundsätze für Gütezeichen". 21. Auflage. RAL. Sankt Augustin. 2008. (6)

DIN DEUTSCHES INSTITUT FÜR NORMUNG E.V.:
„DIN EN 15102. Dekorative Wandbekleidungen – Rollen- und Plattenform; Deutsche Fassung EN 15102:2007+A1:2011". Beuth Verlag. Berlin. 2011. (9)

DIN DEUTSCHES INSTITUT FÜR NORMUNG E.V.:
„VOB C DIN 18363. Vergabe- und Vertragsordnung für Bauleistungen – Teil C: Allgemeine Technische Vertragsbedingungen für Bauleistungen (ATV) – Tapezierarbeiten". Beuth Verlag. Berlin. 2012. (11, 12, 13, 16, 26)

DIN DEUTSCHES INSTITUT FÜR NORMUNG E.V.:
„VOB C DIN 18363. Vergabe- und Vertragsordnung für Bauleistungen – Teil C: Allgemeine Technische Vertragsbedingungen für Bauleistungen (ATV) – Beschichtungen". Beuth Verlag. Berlin. 2012. (22)

DIN DEUTSCHES INSTITUT FÜR NORMUNG E.V.:
„DIN V 18550. Putz und Putzsysteme – Ausführung". Beuth Verlag. Berlin. 2005. (17)

DIN DEUTSCHES INSTITUT FÜR NORMUNG E.V.:
„DIN EN 206. Beton – Festlegung, Eigenschaften, Herstellung und Konformität; Deutsche Fassung EN 206:2013". Beuth Verlag. Berlin. 2014. (14)

DIN DEUTSCHES INSTITUT FÜR NORMUNG E.V.:
„DIN EN 233. Festlegung für fertige Papier-, Vinyl- und Kunststoffwandbekleidungen; Deutsche Fassung EN 233:1999". Beuth Verlag. Berlin. 1999. (29)

DIN DEUTSCHES INSTITUT FÜR NORMUNG E.V.:
„DIN EN 234. Wandbekleidungen in Rollen – Festlegung für Wandbekleidungen für nachträgliche Behandlung; Deutsche Fassung EN 234:1989+A1:1996". Beuth Verlag. Berlin. 1997. (28)

DIN DEUTSCHES INSTITUT FÜR NORMUNG E.V.:
„DIN EN 235. Wandbekleidungen – Begriffe und
Symbole; Deutsche Fassung EN 235:2001".
Beuth Verlag. Berlin. 2002. (30)

GIBBS, JENNY:
„interiordesign. Grundlagen der Raumgestaltung.
Ein Handbuch und Karriereguide". Stiebner Verlag.
München 2005. (22)

GRÜTTER, JÖRG KURT:
„Grundlagen der Architektur-Wahrnehmung".
Springer. Wiesbaden. 2015. (20)

HAPGOOD, MARYLIN OLIVER:
„Tapeten berühmter Künstler – von Dürer bis
Warhol". Weingarten. New York. 1992. (1, 2)

HELLER, EVA:
„Wie Farben wirken. Farbpsychologie. Farbsymbolik.
Kreative Farbgestaltung". Rowohlt Verlag. Hamburg.
1989. (12, 15)

HEUSER, KARL CHRISTIAN:
„Innenarchitektur und Raumgestaltung". Band 2.
Bauverlag. Wiesbaden/Berlin. 1976. (16)

JAKUBOWSKI, EMIL:
„Tapezieren heute 1". 2. Auflage. Verlagsanstalt Alexander Koch. Stuttgart. 1979.
(19, 21)

LLEWELYN-BOWEN, LAURENCE:
„Design Rules". Contender Books. London. 2003. (19)

PÄTZOLD, GÜNTHER:
„Lehrmethoden in der beruflichen Bildung". Sauer.
Heidelberg. 1996. (6)

RODECK, BETTINA U.A.:
„Mensch-Farbe-Raum Grundlagen der Farbgestal-
tung in Architektur, Innenarchitektur, Design und
Planung". Verlagsanstalt Alexander Koch.
Leinfelden-Echterdingen. 1999. (2)

STEINBRECHER/WAHL:
„Professionell tapezieren. Untergründe, Wandbekleidungen, Klebetechnik". D. W. Callwey. München.
1999. (20, 32, 33, 34, 35)

VON GOETHE, JOHANN WOLFGANG:
„Zur Farbenlehre". Band I. Tübingen. 1810. (1)
VON GOETHE, JOHANN WOLFGANG:
„Zur Farbenlehre von Goethe". Band II. Tübingen.
1810. (7)

WILBERT, JÜRGEN:
Aus der Redensart geschlagen. Aphoristische
Denkereien. Brockmeyer Verlag. Bochum. 2014. (6)

ZWIMPFER, MORITZ:
„Licht und Farbe. Physik. Erscheinung. Wahrnehmung". Verlag Niggli. Sulgen/Zürich. 2012. (9)

ONLINE MEDIEN

www.architects-paper.com/images/download/Iron-
Gold_GoldenBlossom_Patina%20Karte_131009Ein-
zels.pdf (14.01.2015) (5)
www.as-creation.de (4, 24) (3)
www.as-creation.de/service/technische-
merkblaetter (03.12.2014) (5)
www.blauer-engel.de (7)
www.farbe-bfs.de (10)
www.farblichtzentrum.ch (3)
www.fsc-deutschland.de (8)
www.haditeherani.com (4, 5)
www.hausderfarbe.ch (11b)
www.ncscolour.com/de/ncs (10b)
www.schoener-wohnen-farbe.com/de/
produkte/trendfarben/salsa/ (08.07.2015) (13)
www.schoener-wohnen-farbe.com/de/
produkte/trendfarben/lagune (08.07.2015) (14)
www.sigma-online.com (2, 3)
www.ral-farben.de (10a)
www.raumprobe.de (17)
www.tapeten.de (6)
www.tapeten.museum-kassel.de (23)

*Die Notenziffern definieren die zugehörigen
 Fußnoten und somit die Anwendung der Quelle
 im Text. Die Notenziffern sind in der Farbe des
 jeweiligen Kapitels gehalten.

2.
ABBILDUNGS-NACHWEIS

FOTOS

CHRISTINA BECKER
S. 12 ml + ur, 13 mr, 14, 17, 30, 36, 38 ol + ml, 43, 47, 51, 54, 55, 56, 57, 58, 59, 60 mr + ul, 61 ul, 74, 87, 89, 90, 91, 92, 93, 101 mr, 116, 117, 126 ul

ANNA-NOËLLE BORNTRÄGER
S. 18

A.S. CRÉATION TAPETEN AG
S. 10, 12 or, 13 ol + ul, 38 ul, 39, 60 ol, 61 or, 69, 70, 71, 73, 75, 76, 77, 79, 80, 81, 83, 84, 85, 94, 95, 96, 97, 101 or + ul, 102, 103, 105, 106, 107, 108, 109, 120 or, Hintergrund Kapitel II + III + IV

HENKEL AG & CO. KG AA / WWW.METYLAN.DE
S. 24 ml

MUSEUMSLANDSCHAFT HESSEN KASSEL, DEUTSCHES TAPETENMUSEUM
S. 89, 90, 91, 92 + 93 ol

MONIKA PODOBAS
Hintergrund Titel und Kapitel I

AXEL STECKEN / WWW.STECKENFOTODESIGN.EU
Titelbild, S. 6, 25 ul, 28, 29 or, 32, 46, 48, 49, 51, 66, 98, 112, Rückseite

STORCH MALERWERKZEUGE & PROFIGERÄTE
S. 26, 27, 29 ul, 37, 50, 52, 53

SHUTTERSTOCK.COM
S. 20 "aged construction cement used tools grunge on mortar wall"
Bildnummer: 102242953, Urheberrecht: holbox

S. 23 or "The old cement wall"
Bildnummer: 55444321, Urheberrecht: jcwait

S. 23 ul "Close up detail of salt damp texture on exterior building wall, also known as rising damp"
Bildnummer: 78721093, Urheberrecht: Steve Lovegrove

S. 24 or "grunge moldy walls"
Bildnummer: 212560549,
Urheberrecht: komkrit Preechachanwate

S. 24 ur "Vintage looking Damage caused by damp and moisture on a wall" Bildnummer: 282879545,
Urheberrecht: Claudio Divizia

S. 25 or "abstract corroded colorful wallpaper crack grunge background iron rusty artistic wall peeling paint"
Bildnummer: 320896973,
Urheberrecht: Mr. Green

S. 126 ur "wide ankle view of home painting department at hardware store, blur image" Bildnummer: 304167788, Urheberrecht: ben bryant

FOTOLIA.COM
S. 81 ul "intimicy"
Datei: #13114180, Urheber: olly

S. 110 "mannequins in fashion shop display window" Datei: #83967788, Urheber: zhu difeng

S. 111 om "Urheber: zhu difeng"
Datei: #83966523, Urheber: zhu difeng

S. 111 ur "shoes display in the store window"
Datei: #70371107, Urheber: zhu difeng

S. 120 ur "Padre con madre e hija"
Datei: #76356174, Urheber: ricardoferrando

S. 124 or "Leeres Zimmer in einem Altenheim"
Datei: #86656142, Urheber: Robert Kneschke

S. 124 ur "Elderly couple in the garden"
Datei: #85565013, Urheber: Ingo Bartussek

S. 127 or "Farbauswahl an Grüntönen"
Datei: #5925692, Urheber: Picture-Factory

S. 127 ur "Stillleben mit Wasserwaage und
Zollstock" Datei: #68632028, Urheber: Wiski

LUDWIG MIES VAN DER ROHE
S. 123 Abb. 03
"Umzeichnung Barcelona-Chair, 1929"
© VG Bild-Kunst, Bonn 2016

ILLUSTRATIONEN

ANNA-NOËLLE BORNTRÄGER
S. 10, 11, 40 or, 123

JOSEFINE BLEY
S. 23, 24, 25

JANINA MAISLER
S. 23, 24, 25

PRAKASH SIVAYOGANAYAGAM
S. 86, 121, 125

SIGMA-MILIEUS ® / WWW.SIGMA-ONLINE.COM
S. 115

A.S. CRÉATION TAPETEN AG
S. 38, 39, 40, 41, 46

LOGOS

**BUNDESAUSSCHUSS FARBE UND
SACHWERTSCHUTZ / WWW.FARBE-BFS.DE**
S. 17

A.S. CRÉATION TAPETEN AG
S. 14 ul, 15

ZUSÄTZLICHES BILDMATERIAL

S. 87 + 117: olovedog, furuoda, keattikorn, chaiwat,
just2shutter, satit_srihin, foto76, keerati, suat eman,
khunaspix, feelart, mr lightman, sira anamwong,
jk1991, tiverylucky, john kasawa
at www.freedigitalphotos.net

3.
IMPRESSUM

AUFLAGE
30.000 / 2021

HERAUSGEBER
A.S. Création Tapetenstiftung
Südstr. 47
51645 Gummersbach
Tel.: 02261 542-0
www.tapetenstiftung.de

KONZEPT, REDAKTION UND GESTALTUNG
Bergische Universität Wuppertal
Fakultät für Design und Kunst
Gaußstr. 20
42119 Wuppertal
Tel.: 0202 439-5157
www.fro.uni-wuppertal.de

AUTORINNEN UND AUTOR
Josefine Bley, Anna-Noëlle Bornträger,
Miriam Schermer-Zimmer, Ulrich Seiss

PROJEKTLEITUNG
Ulrich Seiss

LAYOUT UND SATZ
Anna-Noëlle Bornträger

FACHLICH - INHALTLICHE BERATUNG
Philipp Escher
Stefan Gauger
Gerd Heidbüchel

FACHLICH - GESTALTERISCHE BERATUNG
Prof. Dr. Johannes Busmann
Christina Becker
Janina Maisler
Michael Johannes Lux
Alexander Rühl (www.alexanderruehl.de)
Stotz Design Wuppertal (www.stotz-design.com)

LEKTORAT
Jana-Eileen Hüsmert

MIT FREUNDLICHER UNTERSTÜTZUNG
Storch Malerwerkzeuge & Profigeräte GmbH
Platz der Republik 6-8
42107 Wuppertal
Tel.: 0800 786-7244
www.storch.de

**TAPETENWECHSEL FACH- UND LEHRBUCH FÜR
MALER/INNEN UND LACKIERER/INNEN
GESTALTER/INNEN FÜR VISUELLES MARKETING
RAUMAUSSTATTER/INNEN**
ISBN 978-3-00-052050-1

© 2016 A.S. Création Tapetenstiftung, Südstr. 47,
51645 Gummersbach, www.tapetenstiftung.de